Franz X. Bogner

Die Oberpfalz aus der Luft

Verlag Friedrich Pustet Regensburg

Inhalt

Vorwort

Die Oberpfalz ist selbstbewusster geworden. Wer kennt nicht den Ausspruch von Johann Baptist Laßleben (1864–1928) zu Beginn des 20. Jahrhunderts: „Schämt sich doch mancher zu bekennen, dass er ein Oberpfälzer ist"? Eine weit über tausendjährige Geschichte formte die Obere Pfalz aus dem alten Nordgau, wofür vor allem auch die lange Zugehörigkeit zur Pfalz verantwortlich zeichnete. Die Oberpfalz war geraume Zeit ein Burgenland, hatte beachtlichen Wohlstand und einen eigenen Dialekt. Man hatte wechselnde Obrigkeiten und richtete sich entsprechend ein. Schließlich wurde aus dem Ruhrgebiet des Mittelalters die Steinpfalz – und die Oberpfalz sowie das Oberpfälzische hatten ein Akzeptanzproblem. Wir Oberpfälzer haben in Jahrhunderten die Perfektion des vorauseilenden Gehorsams verinnerlicht, wir verleugneten – wie Kolonialvölker es tun mussten – den Oberpfälzer Dialekt an unseren Schulen, um uns gravierende Nachteile im eigenen Land zu ersparen; Generationen hochdeutscher Oberlehrer zeigten Wirkung! Doch spätestens seit dem Fall des Eisernen Vorhangs kann die Oberpfalz wieder alte Stärken ausspielen, vieles ist seit Laßlebens Ausspruch besser geworden, vieles bleibt noch zu tun. Die Oberpfalz bemüht sich in den letzten Jahren zudem erfolgreich, dem dringendsten Gebot unserer Zeit entsprechend unsere ökologischen Fußabdrücke zu reduzieren. Mittelfristig müssen jedoch noch deutlich mehr Belange der Oberpfalz auch selbst geregelt werden (dürfen).

Seit im Jahre 1901 ein emigrierter Mittelfranke aus Leutershausen in Long Island (USA) erfolgreich den allerersten Motorflug absolvierte, ist das Fliegen von Jahr zu Jahr einfacher geworden. Dennoch ist es immer noch etwas Besonderes, mit einer einmotorigen Maschine vom Boden abzuheben und eigentlich Altbekanntes aus einem neuen Blickwinkel sehen zu können. Diese ungewohnte Perspektive ist es auch, die uns wieder genauer hinschauen lässt, die uns helfen kann, Kultur und Natur besser zusammenzubringen, die uns die Natur besser schützen helfen lässt. Einen Bildband zu machen, heißt heute mehr denn je, Emotionen ins Bild zu bringen und mit spitzen Fingern den „Lichtpinsel" zu benutzen. Zwar bedeutet Fotografie nichts anderes als „mit Licht schreiben", doch erwarten wir von ihr heute zu Recht mehr als von einer Daguerreotypie von anno dazumal: Man erhofft sich ein gut komponiertes Bild mit einem gefühlvoll geführten Farbpinsel. Luftbildfotografie kann insbesondere die vielen einzelnen Bilder der Natur zu einem ästhetischen Ganzen zusammensetzen und sie letztlich besser schützen helfen. Der feinsinnige Reiz des Ganzen kann uns eher aufrütteln und uns die Grenzen des ungehindert vorangetriebenen Wachstums aufzeigen, dem die Natur meist zu wenig gilt. Gute Luftbildfotografie kann uns vor Augen führen, was wir längst zu kennen glauben, aber in unserer trügerischen Alltagsvertrautheit letztlich doch immer wieder übersehen. Dies ist nun mein 21. Luftbildband, der unter dem Leitgedanken Kultur & Natur die Schönheit einer Region betonen und damit auch ihrem Schutz nachhaltigen Vorschub leisten soll.

Viele Hände machen einen Bildband zu einem guten Buch: Mein besonderer Dank gilt neben den geduldigen Piloten der Flugvereinigung Neumarkt insbesondere H. Zuber (Lillinghof), R. Hierl (Berching), A. Poy (Weiden), W. Kellner (Deggendorf) und M. Schultes (Zell-Haidhof), die auf unzähligen Fotoflügen die vielen Bilder dieses Buches sammeln halfen. Ein weiterer Dank gebührt Arthur Lenner, der die vielen Luftbilder ins rechte Format setzte. Nicht zuletzt möchte ich mich beim Verlag Friedrich Pustet bedanken, der mit diesem Buch innerhalb der Kultur-&-Natur-Reihe den nunmehr fünften Luftbildband der engeren Region herausbringt.

Viel Freude mit dem Ergebnis!

Meiner 80-jährigen Mutter gewidmet

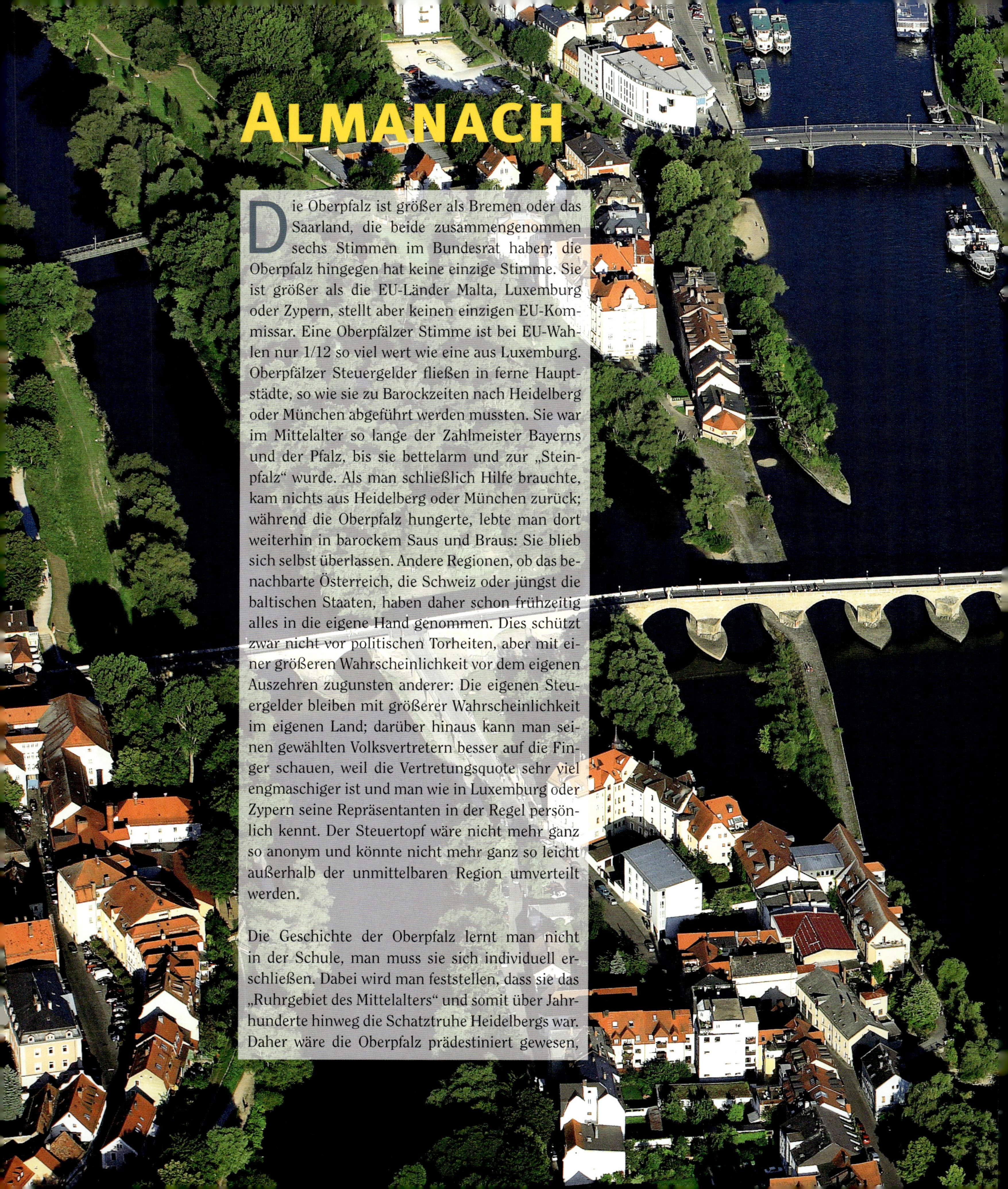

ALMANACH

Die Oberpfalz ist größer als Bremen oder das Saarland, die beide zusammengenommen sechs Stimmen im Bundesrat haben; die Oberpfalz hingegen hat keine einzige Stimme. Sie ist größer als die EU-Länder Malta, Luxemburg oder Zypern, stellt aber keinen einzigen EU-Kommissar. Eine Oberpfälzer Stimme ist bei EU-Wahlen nur 1/12 so viel wert wie eine aus Luxemburg. Oberpfälzer Steuergelder fließen in ferne Hauptstädte, so wie sie zu Barockzeiten nach Heidelberg oder München abgeführt werden mussten. Sie war im Mittelalter so lange der Zahlmeister Bayerns und der Pfalz, bis sie bettelarm und zur „Steinpfalz“ wurde. Als man schließlich Hilfe brauchte, kam nichts aus Heidelberg oder München zurück; während die Oberpfalz hungerte, lebte man dort weiterhin in barockem Saus und Braus: Sie blieb sich selbst überlassen. Andere Regionen, ob das benachbarte Österreich, die Schweiz oder jüngst die baltischen Staaten, haben daher schon frühzeitig alles in die eigene Hand genommen. Dies schützt zwar nicht vor politischen Torheiten, aber mit einer größeren Wahrscheinlichkeit vor dem eigenen Auszehren zugunsten anderer: Die eigenen Steuergelder bleiben mit größerer Wahrscheinlichkeit im eigenen Land; darüber hinaus kann man seinen gewählten Volksvertretern besser auf die Finger schauen, weil die Vertretungsquote sehr viel engmaschiger ist und man wie in Luxemburg oder Zypern seine Repräsentanten in der Regel persönlich kennt. Der Steuertopf wäre nicht mehr ganz so anonym und könnte nicht mehr ganz so leicht außerhalb der unmittelbaren Region umverteilt werden.

Die Geschichte der Oberpfalz lernt man nicht in der Schule, man muss sie sich individuell erschließen. Dabei wird man feststellen, dass sie das „Ruhrgebiet des Mittelalters“ und somit über Jahrhunderte hinweg die Schatztruhe Heidelbergs war. Daher wäre die Oberpfalz prädestiniert gewesen,

das bayerische Kernland schlechthin zu werden. Regensburg wurde nach der bajuwarischen Landnahme ganz selbstverständlich die Hauptstadt Bayerns, lange bevor es München oder Landshut überhaupt gab. Die römischen Infrastrukturen gaben Regensburg einen uneinholbaren Vorsprung. Die Hauptstadt Bayerns blieb es aber nicht. „Gottlob", werden die einen sagen, weil man sich einen millionenfachen Siedlungsbrei am nördlichen Donauknie besser nicht vorstellen möchte. „Leider", werden die anderen sagen, weil eine Hauptstadt in der Mitte eines geschlossenen Siedlungsgebiets eine stetigere Hauspolitik versprochen hätte als eine Hauptstadt am äußeren Grenzrand Bayerns. In den ersten „Kleinkindjahren" Landshuts und Münchens schafften es die stolzen Bürger Regensburgs jedoch, den bayerischen Herzog abzuschütteln und nur mehr dem fernen Kaiser untertan zu sein. Kelheim, Straubing, Ingolstadt, Landshut und München wurden die neuen Hauptstädte. Die Oberpfalz wurde 1329 schließlich im großen Wittelsbacher Verwandtenzwist gar von Bayern abgetrennt und für drei Jahrhunderte der fernen Pfalz zugeschlagen; die Oberpfalz kam dabei zu ihrem Namen, wurde sie damit doch zur Oberen Pfalz neben der (unteren) Pfalz um Heidelberg.

Es gibt eine ganze Reihe berühmter Oberpfälzer. Zwei brachten es sogar zur Königskrone: Christoph III. (1416–1448) in Dänemark und Friedrich V. (1596–1632) in Prag. Letzterer hätte sich besser nicht darauf eingelassen: Er ging als Winterkönig in die Geschichte ein. Seine Frau war eine ehrgeizige englische Prinzessin, die lieber als Königin trocken Brot statt einen Schweinsbraten als Pfalzgräfin haben wollte. Freund und Feind mischten sich sofort ein, die zwangsläufigen Folgen sind bekannt: Die Schlacht am Weißen Berg 1620 wurde nicht nur zum Fiasko für den Pfälzer, sondern auch zum Auftakt des Dreißigjährigen Kriegs, der die Oberpfalz zur Steinpfalz machte. Die Reihe berühmter Oberpfälzer ist jedoch sehr viel länger: Christoph Willibald Gluck (1714–1787), Komponist im fernen Wien, Nikolaus Graf Luckner (1722–1794), Generalissimus im fernen Paris, Johann Michael Fischer (1692–1766), Barock-Stararchitekt in München, Johannes Stark (1874–1957), Nobelpreisträger in Physik für den nach ihm benannten Stark-Effekt, Johann Andreas Schmeller (1785–1852), Mundartforscher aus Tirschenreuth, und Matthias Widman (1430–1476) aus Kemnath, Hofgeistlicher in Heidelberg – um nur einige wenige Namen zu nennen. Nahezu alle mussten die Oberpfalz verlassen, um ihr Talent zu entwickeln und Karriere zu machen.

Heute besinnt sich die Oberpfalz zunehmend auf ihre eigentlichen Wurzeln. Man ist mehr und mehr stolz Oberpfälzer zu sein. Auch die Sprache der Region gewinnt wieder an Beachtung. Seit Generationen redeten zugewanderte Volksschullehrer Oberpfälzer Kindern ein, nicht so zu reden wie man es zu Hause eigentlich gelernt hatte. Dabei kennt die einheimische Sprache so herrliche, klangfreudige wie ausdrucksstarke Worte wie etwa pfenningguad, gaggerlgelb, blousndrucka, pritschnass oder pumperlgsund, die ihresgleichen im klassischen Hochdeutsch suchen müssen. Vielleicht ist es schon fünf nach zwölf, und frei nach Michael Gorbatschow wird uns die Geschichte bestrafen, wenn wir uns zu spät um die Oberpfalz und das Oberpfälzische kümmern. Der vorliegende Luftbildband möchte mit Hilfe meist „emotionaler" Bilder die natürliche und kulturelle Schönheit der Region wieder bewusster machen. Die ungewohnte Perspektive des Luftbildes soll der exemplarische Schlüssel hierzu sein: Denn was ich kenne, schätze ich und bin ich zu schützen bereit.

Die Wallfahrtskirche Kappl bei Waldsassen markiert das nördliche Ende der Oberpfalz.

Weiden in der Oberpfalz liegt an der Waldnaab und der Schnittstelle von Oberpfälzer Hügelland und Vorderem Oberpfälzer Wald. Seit alters markiert der Ort die Kreuzung zweier wichtiger Handelsstraßen, der Goldenen und der Magdeburger Straße. Von der früheren Bedeutung als Handels- und Umschlagplatz kündet der Markt mit seinen historischen Giebelhäusern.

Die Schwarzach entspringt im Oberpfälzer Wald direkt an der europäischen Hauptwasserscheide, ab Waldmünchen fließt sie nach Westen zur Naab hin (Mündung bei Schwarzenfeld). Im Unterlauf zieht sie weite Mäander, während sie im Oberlauf dreimal aufgestaut ist, z. B. im Eixendorfer See oder im Silbersee.

Regensburg und sein Umland

Das Land am nördlichen Donauknie ist der Oberpfälzer Landstrich mit der bekanntesten Geschichte. Jedes Schulkind weiß, dass Ratisbona eine keltische Siedlung und Castra Regina eine römische Bastion an der Donau waren. Nicht umsonst ist Regensburg heute UNESCO-Welterbe. Die mittelalterlich geschlossene Altstadt, die Steinerne Brücke, der Dom, das Taxisschloss, das Kloster Prüfening, der ehemalige Brückenkopf Stadtamhof oder neuerdings das einfache Papstkreuz, das an den Besuch Papst Benedikts XVI. erinnert (er war bis 1977 Ordentlicher Professor an der Regensburger Universität) – das und vieles mehr macht Regensburg aus. In den letzten Jahrhunderten des Heiligen Römischen Reichs Deutscher Nation fungierte Regensburg als dessen Hauptstadt, der Immerwährende Reichstag ließ ständig Gesandtschaften aus ganz Deutschland in Regensburg residieren. Weltweit am bekanntesten an Regensburg ist jedoch der Dom, ein besonders filigranes Hauptwerk hochgotischer Architektur. Mit Unterbrechungen wurde sechs Jahrhunderte an ihm gebaut, erst 1869 wurden die hochaufragenden Turmhelme vollendet. Seither beschränkt sich die Dombauhütte auf Sanierungen; eine umfassende Reinigung der Außenfassade wurde erst vor wenigen Jahren abgeschlossen, die Türme sind nun wieder gerüstfrei.

Regenburg kam erst spät (wieder) zur Oberpfalz; 1810 war es soweit. Zwar war Regensburg seit der Völkerwanderung bayerisches Kernland und über lange Zeit dessen Hauptstadt gewesen. Spätestens mit der Erhebung zur Freien Reichsstadt durch Kaiser Friedrich II. im Jahre 1245 war es damit jedoch vorbei, der bayerische Herzog musste sich eine neue Residenz suchen. Es folgten 550 Jahre als Freie Reichsstadt, die besonders anfangs sehr selbstbewusst gelebt wurden. Es waren auch die Jahre des Wohlstandes und der großen Männer: Engagierte Einzelpersonen wie Bischof Emmeram (†652) oder Albertus Magnus (†1280) hatten landesweite Strahlkraft; Regensburg war damals neben Nürnberg das unbestrittene Zentrum Süddeutschlands (nichts deutete auch nur ansatzweise auf die künftige Rolle Münchens hin). Im Jahre 1435 wäre man zwar gerne wieder in den Schoß des bayerischen Herzogtums zurückgekehrt, der Kaiser wusste dies aber zu verhindern. Das Regensburger Land rund um die Stadt war immer bayerisch geblieben, es hatte die Freie Reichsstadt sogar oft eingeschnürt: Stadtamhof war der bayerische Brückenkopf, der das stolze Regensburg stets daran erinnerte, wer der eigentliche Herr des gesamten Umlands war. Mitten auf der Steineren Brücke trafen sich die Grenzen.

Nicht nur Regensburger wissen, welche Perlen in unmittelbarer Umgebung beherbergt sind: Ob eine anheimelnde regionale Brauerei im Wanderabstand, die eindrucksvolle Walhalla am dominanten Donauufer, das barocke Kleinod der Musikakademie Alteglofsheim im Süden Regensburgs oder das Kloster Aufhausen – die Vielfalt auf kleinstem Raum sucht ihresgleichen im Land. Die Walhalla, von König Ludwig I. im teutonischen Enthusiasmus als Walhall, als Ruhmeshalle aller Gefallenen, errichtet, ist weltbekannt. Wessen Büste hier einziehen darf, entscheidet zwar der Bayerische Ministerrat; letztlich kann aber jedermann eine Persönlichkeit „teutscher Zunge" zur Ehrung vorschlagen, er/sie muss nur vor mindestens 20 Jahren gestorben sein. Ursprünglich war im Unterbau der Walhalla eine „Halle der Erwartung" vorgesehen, in der die Büsten noch lebender Personen aufgestellt werden sollten; diese wären dann nach deren Tod in einer feierlichen Prozession in den „Himmel", also in die Walhalla, getragen worden. Hier blieb es beim Plan, der zumindest für den pompösen Treppenaufgang verantwortlich zeichnet – nunmehr ein symbolträchtiger Weg von der Erde in den „Himmel".

oben:
Das Schloss Thurn und Taxis entstand aus dem ehemaligen Kloster St. Emmeram. Nach dessen gewaltsamer Auflösung wurde es 1810 dem Fürstenhaus als Entschädigung für andere Verluste übertragen und zur Residenz ausgebaut.

unten:
Die Universität Regensburg wurde in den 1970er-Jahren mit viel Stahlbeton auf einer grünen Wiese erbaut. Als kompakte Campus-Universität bietet sie alle Vorteile eines modernen Studiums ohne lange Wege.

rechte Seite:
Schloss Wörth an der Donau aus dem Besitz des Hochstifts Regensburg hatte seit der Säkularisation viele Besitzer. Seit 1988 ist ein Seniorenstift in den historischen Mauern untergebracht.

linke Seite oben:
Das barocke Schloss Alteglofsheim mit den acht sogenannten Schönen Zimmern und der zweischiffigen Hauskapelle ist heute Sitz der Bayerischen Musikakademie.

links Seite unten:
Schloss Sünching mit seiner unverwechselbaren Oktogon-Form ist eine der schönsten Rokokoanlagen Süddeutschlands. Der achteckige Innenhof entstand in der Barockzeit (1750er-Jahre), aus der auch ein herrlicher Spiegelsaal im Obergeschoss stammt.

Das Wasserschloss Köfering in seiner jetzigen Form stammt aus der Zeit nach dem Dreißigjährigen Krieg. Es befindet sich seit Jahrhunderten in Familienbesitz.

Aufhausen, schon 769 als „Ufhusin“ erwähnt, war bis 1803 eine autonome Hofmark des Domkapitels des Hochstiftes Regensburg. Die Wallfahrtskirche Maria Schnee ist das einzige Werk von Johann Michael Fischer (1692–1766) aus Burglengenfeld in seiner oberpfälzischen Heimat.

rechte Seite:
Ein 16 m hohes Kreuz aus Stahl und Holz im Islinger Feld erinnert an den Besuch von Papst Benedikt XVI. in Regensburg (11.–14. September 2006). Die Wiese war während dieser Zeit als strenge Sicherheitszone ausgewiesen, sogar die nahe Autobahn war am Tag des Gottesdienstes gesperrt und diente als Busparkplatz.

linke Seite oben:
Stadtamhof an der Mündung des Regen war bis vor gut zwei Jahrhunderten der bayerische Vorposten in Regensburg; die Landesgrenze verlief mitten auf der Steineren Brücke. Trotz des Zerschießens durch Napoleons Truppen 1809 kann man nach dem Wiederaufbau heute noch erkennen, dass es einmal ein eigener Ort war.

linke Seite unten:
Die Regentalautobahn war lange Zeit umstritten, da sie das enge Tal der Länge nach durchschneiden würde. Letztlich wurde sie als wichtigste Nord-Süd-Trasse der Oberpfalz doch gebaut, um die Hauptgebiete der Region verkehrsgünstig mit Regensburg zu verbinden.

oben:
Bei Winzer erreicht die Donau ihren nördlichsten Punkt. Ihr Ufer wird für einen meist intensiven Gemüseanbau genutzt – der fruchtbare Überschwemmungsboden lädt auch förmlich dazu ein.

unten:
Das kleine Schloss Regendorf: eine ruhige Anlage vor allem aus den 1840er-Jahren mit zwei viergeschossigen Rundtürmen.

Der Bayerwald

Der Bayerwald ist altes bayerisches Siedlungsland, das heute Oberpfalz und Niederbayern unter sich aufteilen. In der Oberpfalz spielte der Regen sozusagen die Rolle einer „mittelalterlichen Autobahn" zur Besiedlung des riesigen Waldgebietes. Die großen Klöster Reichenbach und Walderbach waren wichtige logistische Zentren der Landnahme entlang des Regens (zudem wurde eine große Siedlungsbewegung von Süden her durch die niederbayerischen Klöster gefördert). Seit der letzten Bereinigung der Bezirksgrenzen fungiert der Kleine Arber (1384 m) als Grenzberg zu Niederbayern, der Große Arber (1456 m) liegt schon wenige Meter im Niederbayerischen. Besonders seit den Anfängen des Tourismus gibt es immer wieder Zank darüber, was denn nun alles Bayerischer Wald ist, was Böhmerwald ist oder was zum Vorderen bzw. Hinteren Bayerischen Wald gehört. Aus geologischer Sicht wäre dies relativ einfach zu beantworten, reicht der granitene Untergrund doch bis zur Donau im Süden und zum südwärts gerichteten Regen im Westen – und zieht der Pfahl sich als verbindende Linie durch den gesamten Wald bis fast an die Tore Schwandorfs. Der griechische Geograf Claudius Ptolemäus (100–175 n. Chr.) bezeichnete das Waldgebiet als ziemlich homogenes „Gabreta hyle", was im keltischen etwa „Steinbockwald" bedeutet haben könnte, und um 1010 war vom „Nordwald" die Rede.

Der Naturraum Oberer Bayerischer Wald ist durch den Naturpark-Status geschützt. Sein wohl prominentestes Naturschutzgebiet liegt zwischen Cham und Pösing, wo der Regen noch weite Mäander ausbilden und mit einer naturnahen Flussauenlandschaft den artenreichsten Lebensraum der Region sicherstellen kann. Dieses Gebiet war über die Jahrhunderte für eine landwirtschaftliche Nutzung nur bedingt interessant, war doch gerade hier die Flussdynamik mit ihren regelmäßigen Überschwemmungen nicht leicht in den Griff zu bekommen; hartnäckige Nassstellen blieben oft wochenlang unpassierbar. Beinahe hätte die geplante Trockenlegung während der Flurbereinigung in der Nachkriegszeit das alles Geschichte werden lassen. Einzelne weitblickende Mitmenschen konnten dies gottlob mit viel individuellem Engagement verhindern. Heute ist das Kernstück des Schutzgebietes ein gut 56 ha großer Feuchtgebietskomplex rund um den Rötelseeweiher, dessen Stillgewässer mit ihrem Wechsel von offenen Wasserflächen und breiten Seggen- und Schilfröhricht-Säumen bis hin zum auwaldartigen Erlenbruch ein geradezu idealer Brut- und Rastplatz für Wasservögel jeder Art sind.

Der Lamer Winkel ist ein ehemals abgeschiedenes Hochtal zwischen Arber (1456 m), Osser (1293 m), Hohem Bogen (1079 m) und Kaitersberg (1132 m). Er gehört zweifellos zu den landschaftlich schönsten Tälern im gesamten Bayerischen Wald. Erschlossen wurde das Tal ab 1279 durch das Kloster Rott am Inn, das die Rodungs- und Besiedelungstätigkeit logistisch und wirtschaftlich vorantrieb. Innerhalb von 150 Jahren waren die meisten heutigen Siedlungen entstanden. Zwar haben die unseligen Hussitenkriege (um 1430) und der Böcklerkrieg (1468/69) zu erheblichen Verwüstungen im Tal geführt, doch wirkte sich in den Jahrhunderten danach die große Entfernung von den Ballungszentren eher friedensfördernd aus. Das Künische Gebirge beiderseits des Ossers umfasst den ehemaligen königlichen Wald, der als Grenzwald von den „Künischen Freibauern" zur Zeit der Grafen von Bogen (um 1200) durch Rodung besiedelt wurde. Die Bauern waren freie Siedler, keine Leibeigenen wie andernorts, und als königliche Bauern („Niemands Herr und Knecht / das ist künisch Bauernrecht") keiner Grundobrigkeit unterworfen. Heute soll unter diesem Namen in einem binationalen Aktionsbündnis wieder zusammenwachsen, was über viele Jahrhunderte zusammengehört hatte.

Der Gipfel des Großen Arber liegt bereits wenige Meter in Niederbayern: 100 m westlich des höchsten Punktes verläuft die Grenze zur Oberpfalz.

Der Bayerische Wald zeigt sich vor allem im Grenzkammbereich als geschlossenes Waldgebiet und lässt noch etwas vom legendären Waldgebirge erahnen. Selbst Tacitus wusste im fernen Rom davon zu berichten, wenn er vom „Hercynia silva" schrieb. Er ist im Winter oft mit tiefem Schnee überzogen. Dabei zeigt sich die besondere Anpassungsfähigkeit der Fichten, die auch viel Schnee überleben können: Die Anordnung der Äste lässt die Last wie von selbst abgleiten. Heute schweben des Öfteren viele Gleitflieger über die tief verschneite Märchenlandschaft.

oben:
Besonders im Winter und aus der Luft ist die gewaltige Wirkung der Stürme zu erkennen, die die Bäume auf den windzugewandten Seiten regelrecht abrasieren können und nahezu einen Kahlschlag hinterlassen.

unten:
Kleine Rodungsinseln mit meist nur einem Bauernhof sind jenseits der oft dicht bewaldeten Kammlagen im tiefer gelegenen Waldmeer des Bayerischen Waldes keine Seltenheit.

oben:
Der hoch gelegenen Walburgakirche auf dem Lamberg (gut 600 m) ist aus der Vogelperspektive die frühgeschichtliche Lage in einem Ringwall anzusehen. Besonders zur Barockzeit gab es hier eine sehr rege Wallfahrt – nahezu 200 Votivtafeln im Seitenrondell legen davon ein beredtes Zeugnis ab. Die heutige Kirche stammt allerdings erst aus dem Jahr 1832; eine ältere Kirche hatte die Säkularisation (1802/3) nicht überlebt.

unten:
Die Bad Kötztinger Stadtpfarrkirche Mariä Himmelfahrt ist mit äußerer Ringmauer, Graben und innerem Befestigungsring versehen. Von hier aus zieht jedes Jahr die größte berittene Bittprozession der Welt aus, um ein Gelöbnis von 1412 einzulösen: Kötztinger Burschen hatten einen Pfarrer zum Dorf Steinbühl begleitet und man hatte die jährliche Wiederholung versprochen.

links und rechts oben:
Neukirchen beim Heiligen Blut ist ein beliebter Marien-Wallfahrtsort. Seine Entstehungslegende verweist auf ein Wunder im Jahr 1422, als ein hussitischer Reiter der Marienstatue den Kopf abschlagen wollte und dabei eine blutähnliche Flüssigkeit zum Vorschein kam.

unten:
Noch sehr jung ist der Drachensee: Erst die Überschwemmungen in den 1990er-Jahren gaben den letzten Anstoß, dieses Hochwasserrückhaltebecken zu etablieren.

rechte Seite:
Jedes Jahr lädt Furth im Wald zum Further Drachenstich; er gilt als ältestes Volksschauspiel Deutschlands. Heute wirken über tausend Darsteller in historischen Kostümen mit und machen so den „Kampf zwischen Gut und Böse“ zum unbestrittenen Höhepunkt des Jahres.

Runding war mit 15 000 m² überbauter Fläche einst die größte Burganlage des Bayerischen Waldes. Doch nicht Feindeinwirkung hat sie zur Ruine gemacht: Ein Münchner Hofbankier ersteigerte 1829 das ganze Anwesen, schlachtete es aus und verkaufte die Burg auf Abriss weiter.

rechte Seite oben:
Cham hat als dominante Stadt im Regental zwei vielsagende Beinamen: Es ist das „Tor zum Bayerischen Wald und zum Böhmerwald" und wegen des ausladenden Flusses auch die „Stadt am Regenbogen".

rechte Seite unten:
Chammünster ist eine dreischiffige Pseudobasilika, die einen frühgotischen Turm und Chor mit einbezieht. Hier ließ sich oftmals der lokale Adel begraben – rund 100 Grabplatten, Epitaphien oder Totenschilde sind erhalten.

linke Seite:
Burg Falkenstein wurde vor fast 1100 Jahren dem Regensburger Hochstift geschenkt und hatte seither viele Besitzer. 1967 konnte schließlich der Markt die Anlage für eine symbolische Mark kaufen und machte sie durch konsequente Sanierung zu einem Schmuckstück des Ortes.

Die gut tausendjährige Burg Brennberg verkam über die Jahrhunderte zur Ruine. Heute bietet ein Aussichtsturm den Überblick über die Reste der Burg, die heute der Gemeinde Brennberg gehört.

Eine besonders dominante Insel im Fluss bildet der Regen bei Kirchenrohrbach/ Katzenrohrbach aus. Auf Grund ihrer vor menschlichen Eingriffen geschützten Lage ist sie ein willkommenes Rückzugsgebiete für Flora und Fauna.

oben:
Roding, mit urkundlichen Wurzeln im Jahre 844, bekam erstmals 1422 Marktrechte. Es blieb dennoch eine überschaubare Siedlung, bis die Flüchtlingswelle der ethnischen Säuberungen in Tschechien es zur Stadt anwachsen ließen; bis 1972 war Roding sogar Kreisstadt.

unten:
Die Burgruine Stockenfels, an strategisch günstiger Stelle über dem Regental gelegen, hat den Ruf einer Geisterburg: Des Nachts sollen dort diejenigen ihr Unwesen treiben müssen, die das – im Volksmund drittschlimmste – Verbrechen des Bierpantschens begangen haben. Sie trägt daher den Spitznamen „Bierpantscher-Walhalla".

oben:
Das kleine Wallfahrtskirchlein Heilbrünnl ist ein Rokoko-Kleinod hoch über dem Regen. Der Quelle mitten im Kirchenschiff werden Heilungskräfte bei Augenleiden zugesprochen.

unten:
Kloster Reichenbach ist heute eine Heil- und Pflegeanstalt für geistig und körperlich Behinderte sowie Sitz einer Fachschule für Heilerziehungspflege.

rechte Seite:
Das ehemalige Zisterzienserkloster Walderbach ist eine romanische Perle am Regen. Lediglich der Chorraum wurde während des Barocks abgetragen und neu aufgebaut.

linke Seite oben:
Das Städtchen Nittenau ist der letzte größere Ort am Regen, bevor dieser in ein engeres Tal eintritt. Ein alter Matthäus-Merian-Stich bildete den Ort mit Mauern und Wehrtürmen ab, heute sind aber nur mehr der Kirchturm und der Storchenturm, die Wahrzeichen der Stadt, vorhanden. Nittenau wurde noch 1945 durch einen alliierten Luftangriff zerstört. Beim Wiederaufbau der Kirche gelang jedoch ein harmonisches Nebeneinander von Alt und Neu: Die Hälfte der Kirche und des Chorraums wurde in die neue Konstruktion einbezogen und große Glastüren führen nun zum neuen achteckigen Kirchenraum.

linke Seite unten:
Burg Stefling konnte auf Grund seiner günstigen Lage über dem Regen am Handel mit Böhmen teilnehmen. Ihre Etablierung hängt vermutlich schon mit der Christianisierung des Chamer Beckens ab 740 zusammen.

Marienthal ist heute ein beliebtes Ausflugsziel am Regen. Hier schwenkt der Fluss endgültig nach Süden ab.

oben:
Der Pfahl verläuft wie ein unübersehbares steinernes Rückgrat quer durch den gesamten Bayerischen Wald. Er zählt zu den auffälligsten und bedeutendsten tektonischen Phänomenen der Welt. Mancherorts wurde er zwar abgebaut, doch oft ist er noch unverändert als Landmarke sichtbar (wie hier bereits knapp im Niederbayerischen). Heute steht er unter Naturschutz.

unten:
Ramspau ist ein kleiner, malerischer Ort am Regen, dessen Ortsbild von der Kirche und dem Schloss mit seinen vier markanten Zwiebeltürmen beherrscht wird.

oben:
Schloss Thierlstein kommt gerade noch auf dem Pfahl zu stehen, bevor das hier weit auslandende Regental eine breite Schneise in den Quarzgang schneidet. Der dreigeschossige Bruchsteinmauerbau sitzt direkt dem freiliegenden Quarzfelsen auf und macht Thierlstein zu einer äußerst ansehnlichen Burg.

unten:
An manchen Stellen kommen sich die Mäander des Regen sehr nahe. Würde der Mensch nicht eingreifen, würden künftige Hochwasser die Flussschlingen kappen und sich einen neuen Lauf innerhalb des Tales suchen.

linke Seite:
Schloss Spindlhof präsentiert sich in einem neugotischen Kleid. Es wurde im Jahr 2000 von Grund auf renoviert und beherbergt heute eine Bildungsstätte der Diözese Regensburg.

Beim Markt Regenstauf dehnt sich das Regental auf eine Breite, der der Fluss bis zu seiner Mündung in Regensburg treu bleibt. Der Namensteil „-stauf" steht für den rund 95 m aus dem Tal aufragenden Burgberg. Er war schon früh befestigt („Stauff am Reng") und schützte den Ort, dessen erste urkundliche Erwähnung auf das Jahr 970 zurückgeht. Regenstauf war über die Jahrhunderte eine wichtige Nord-Süd-Etappe, die auch Johann Wolfgang von Goethe (1749–1832) 1786 auf seiner „Flucht nach Italien" passierte. Thomas Mann (1875–1955) hat den Ort in der Erzählung „Das Eisenbahnunglück" verewigt, nachdem er dort 1908 Zeuge eines solchen wurde.

Das Naabtal

Die Naab als Kernfluss der Oberpfalz beginnt an den Hängen des Oberpfälzer Waldes und des Fichtelgebirges und mündet kurz vor den Toren Regensburgs in die Donau. Als durch und durch Oberpfälzer Fluss durchfließt sie die Region der ganzen Länge nach und diente als Siedlungsachse, die eine erfolgreiche bajuwarische Zeit ermöglichte. Zwar waren zur Zeit Karls des Großen (747–814) bereits viele Slawen zugezogen – Premberg fungierte zu dieser Zeit als Grenzort –, doch war bald der Kamm des Oberpfälzer Waldes die eigentliche Siedlungsgrenze. Aus geologischer Sicht unterteilt sich die Naab (flussaufwärts gesehen) in die Jura-Naab, die Bruchschollen-Naab und die Granit-Naab.

Die **Jura-Naab** umfasst den Flusslauf von Burglengenfeld bis Mariaort. Ein unbefangener Beobachter könnte meinen, dass die Naab hier nach Norden fließt, nämlich aus dem tief eingeschnittenen Juratal hinaus in die flachen Ebenen des davor liegenden Bruchschollenlandes. Die Naab hat sich im Laufe ihrer langen Geschichte jedoch immer weiter in den Jurarücken eingegraben, ab Kallmünz erhielt sie tatkräftige Schützenhilfe von der Vils. Kallmünz schmiegt sich im Mündungszwickel mit nur zwei Häuserzeilen an den Burgfelsen (siehe auch das Titelmotiv). Auf diesem steil aufragenden Burgberg siedelte man schon in der Altsteinzeit, die Bronzezeit hinterließ eine weiträumige Ringwallanlage; die heutigen Ruinen stammen aus dem Mittelalter. Auch im nahen Burglengenfeld spielte die mächtige Burg zunächst eine wichtige Rolle, nämlich als Wittelsbacher-Residenz. Trotz dieser Vergangenheit hätte sie abgebrochen werden sollen, Kronprinz Ludwig konnte den durch schneidige Investoren bereits begonnenen Abriss jedoch im letzten Moment noch stoppen. Im Juratal liegt schließlich mit Pielenhofen ein einzigartiges Barockkloster am Ufer der Naab. Heute beherbergt es ein Internat der Regensburger Domspatzen.

Der wichtigste Ort an der **Bruchschollen-Naab** ist zweifelsohne Schwandorf. Vor gut 1000 Jahren entstanden, wurde der Ort an der Naabfurt eine wichtige Stadt am Flusslauf. Hier hat die Naab ein breites Tal geschaffen, aus dem sich der Kreuzberg wie eine grüne Insel erhebt. Die Lage der Siedlung war gut gewählt, verlor doch hier die Naab wegen der Teilung in drei Flussarme an Tiefe und erlaubte eine sichere Querung. Der Namenszusatz „-dorf“ könnte auf eine karolingische Siedlung hinweisen, auch wenn Schwandorf „erst“ 1006 in den Büchern erschien. Obwohl US-amerikanische Bomben vor gut 60 Jahren die Stadt dem Erdboden gleichmachten, als der Krieg eigentlich längst entschieden war, atmet die wieder geschlossene Altstadt Schwandorfs lebendige Geschichte. Heute gedenkt eine Gruftkapelle auf dem Kreuzberg der rund 2000 oft namenlosen Toten.

Die **Granit-Naab** säumen sehr unterschiedliche alte Städte. Nabburg, auf den Mauern einer karolingischen Reichsburg erbaut, könnte noch heute gut als Vorlage für den bekannten Merian-Stich kurz nach 1600 dienen. Die „marca Napurch“ erlebte vor neun Jahrhunderten ihre erste große Blütezeit, vor sieben Jahrhunderten hatte man bereits elitäres Stadtrecht. Große Teile der heutigen Befestigung Nabburgs entstanden nach 1420, als plündernde böhmische Hussiten den Ort erstmals brandschatzten. Ein zweiter Versuch 13 Jahre später scheiterte jedoch bereits an der Wehrhaftigkeit der Stadtmauern. Weiter flussaufwärts weist auch Weiden ein schön geschlossenes altes Stadtbild auf. Zwar verbindet man mit seinem Namen eher wirtschaftlich erfolgreiche Unternehmen wie Porzellan-Bauscher, Seltmann-Weiden oder Witt-Weiden, doch die kreisfreie Stadt hat mit Max Reger (1873–1916) auch einen großen Komponisten hervorgebracht; er durfte hier seine Kindheits- und Ausbildungsjahre verbringen.

Die Pielenhofener Klosterkirche mit dreigeschossigen Türmen und zwei Seitenschiffen präsentiert sich als spätbarocker Juwel im unteren Naabtal

linke Seite:
Die Luftansicht von Kallmünz erklärt am überzeugendsten, weshalb die malende Kunst – z. B. in den Werken von Gabriele Münter und Wassily Kandinsky – das Örtchen vor gut 100 Jahren für sich entdeckt hatte. Es gibt sich gerne den Beinamen „Perle des Naabtals“. Direkt an der Mündung der Vils gelegen, weist Kallmünz im Dreieck des Zusammenflusses von Vils und Naab eine bestens geschützte Lage auf, die seit der Bronzezeit durchgehend genutzt wurde.

oben:
Die Vilsmündung brachte im Mittelalter den von Amberg kommenden Eisenschiffen endlich genügend Wasser unter den Kiel. Angesichts der modernen Schifffahrt erscheinen uns die Flussdimensionen heute klein.

unten:
Die Burg Kallmünz dominiert seit alters den Talkessel des Mündungszwickels zwischen Naab und Vils. Bereits in der Jungsteinzeit nutzte man den prägnanten, hoch aufragenden Felsen.

oben:
Die Naatalauen werden nicht nur landwirtschaftlich genutzt, sondern auch für größere Pfadfinderzeltlager sind sie sehr beliebt.

unten:
Die Altstadt von Burglengenfeld drängt sich dicht unter dem Burgberg zusammen. Zu den Zeiten der Pfalzgrafen Ottheinrich und Philipp (ab 1520) war sie sogar Residenzstadt, wovon die Altstadt mit Ackerbürgerhäusern und historischem Rathaus zeugt.

rechte Seite oben:
Vielen wird die Gemeinde Naabeck hauptsächlich durch das gleichnamige Bier ein Begriff sein. Der Name des kleinen Ortes ist aufgrund der scharfen Richtungsänderung, die die Naab hier macht, selbsterklärend.

rechte Seite unten:
Im Morgennebel präsentiert sich die Naab aus der Vogelschau als scheinbar unberührtes Naturparadieses.

oben:
Die Pfarrkirche St. Peter und Paul in Wiefelsdorf, einer Urpfarrei am frühgeschichtlichen Handelsweg, besitzt einen prächtigen Frührokokoaltar.

unten:
Das Schloss Münchshofen war als Hofmark sozusagen ein Staat im Staat; ständige und sichere Einnahmen gewährten dem jeweiligen Besitzer ein sorgenfreies Leben.

oben:
Die Altstadt der Großen Kreisstadt Schwandorf weitet sich zu einem dreieckigen, ansteigenden Stadtplatz, der von der gotischen Wandpfeilerkirche St. Jakob abgeschlossen wird.

unten:
Der rundum bewaldete Kreuzberg beheimatet die Kirche Zu Unserer Lieben Frau vom Kreuzberg, die seit 1697 kontinuierlich umgebaut und erweitert, doch bei einem Bombenangriff auf Schwandorf 1945 fast gänzlich zerstört wurde. Beim Wiederaufbau gelang eine harmonische Vereinigung alter und neuer Bauteile.

oben:
Schloss Pirkensee präsentiert sich als gegliederter dreigeschossiger Bau mit vier Eckzwiebeltürmen und der barocken Schlosskapelle St. Anna. Sie beheimatet ein prächtiges Fresko von Cosmas Damian Asam.

unten:
Schloss Fronberg richtet seine langgestreckte Hauptfassade nach Süden aus, der umgebende Schlossgraben ist unter den Bäumen kaum auszumachen. Der schöne Renaissance-Arkadenhof aus dem 17. Jahrhundert zeugt von den guten Zeiten der Hammerherren.

Die Gründung des Franziskanerklosters in Pfreimd geht auf die Landgrafen von Leuchtenberg zurück, die ihre Untertanen wieder dem katholischen Glauben zuführen wollten. Die Klosterkirche war bereits kurz nach der Einweihung durch Truppen des protestantischen Heeres zerstört worden, die nach der verlorenen Schlacht vor Prag 1620 nach Westen flüchteten. Die Franziskaner blieben dennoch fast vier Jahrhunderte in Pfreimd, nur die Säkularisation verursachte bis 1829 eine knapp dreißigjährige Unterbrechung. In den letzten Jahren erfuhren die Klostergebäude eine umfassende Restaurierung, die auch die ursprünglichen Granitsäulen des Kreuzgangs wieder freilegte und das Kloster zu einem kulturhistorischen Juwel der mittleren Oberpfalz machte.

Der Legende nach wurde auf dem Eixlberg ein Bildnis der Hl. Barbara gefunden und nach Pfreimd gebracht. Da es aber immer wieder zum Fundort zurückkehrte, wurde dort eine Wallfahrtskirche erbaut. Heute gibt es viele Zeugnisse einer jahrhundertealten Wallfahrt.

rechts:
Nabburg markiert einen alten Siedlungsplatz auf der isolierten Bergkuppe über der Naab, der im Laufe des Mittelalters immer massiver befestigt wurde. Die Altstadt hat viele Stürme überstanden – auch die Bauwut des letzten Wirtschaftswunders – und ist heute eine viel und gerne besuchte Perle des Mittelalters.

linke Seite:
Perschen war im Mittelalter wichtiger Handelsstützpunkt und Urpfarrei. Die Kirche und der benachbarte Edelmannshof liegen unmittelbar an der Naab. Der freistehende Rundbau der Friedhofskapelle am rechten Bildrand nahm im Untergeschoss die aus den Gräbern entfernten Gebeine auf. In der Kuppel des Innenraums haben sich alte Malereien erhalten, in denen Menschen halblebensgroß und nur Christus lebensgroß dargestellt sind.

Neusath ist ein kleines Dorf mit einem Schloss. Es ist gleichzeitig Namensgeber des sehenswerten Oberpfälzer Freilichtmuseums Neusath-Perschen, das die wichtigsten Haus- und Hoftypen der Oberpfalz zusammengetragen hat.

Die alte Burg Wernberg auf einem exponierten Hügel über der Naab dient nach eingehender Renovierung und denkmalgerechtem Umbau als Burghotel, Tagungszentrum und Restaurant.

Seit 2007 zwängt sich das ausladende Autobahnkreuz Oberpfälzer Wald wie ein Fremdkörper in das enge Naabtal und verbindet A6 und A93.

DAS OBERPFÄLZER SEENLAND

Noch vor wenigen Jahrzehnten breitete sich hier der Tagebergbau des Oberpfälzer Braunkohlereviers aus. Mit meist überdimensionierten Maschinen wurde Braunkohle abgebaut und im nahen Dachelhofen verfeuert (dieses Kraftwerk mit seinen beiden hohen Kaminen wurde 2005 gesprengt). Die Braunkohlelagerstätten entstanden in der Tertiärzeit (vor 65–2,6 Millionen Jahren): Organisches Material abgestorbener Bäume oder Sträucher wurde damals mit den verschiedensten Sedimenten überdeckt. Unter Luftabschluss begann der geochemische Prozess der Inkohlung anzulaufen, den im Prinzip auch die Steinkohle durchlief, nur dass diese deutlich mehr Zeit benötigte (mindestens 300 Millionen Jahre). Die Braunkohlengewinnung erfolgte im großen Stil mit riesigen Schaufelradbaggern. Ihr Heizwert entsprach maximal einem Drittel der Steinkohle und ihr Feuchtigkeitsgehalt konnte bis zu 50 % betragen. Der fast nicht zu deckende Energiebedarf der Nachkriegszeit produzierte zwar trostlose Mondlandschaften, doch für die Konjunktur wurde in die Hände gespuckt und vieles hingenommen; ganze Dörfer wurden dem Tagebergbau geopfert und Naturschutz war noch kein Thema, um das sich ernsthaft jemand gekümmert hätte.

Anfang der 1980er-Jahre war das Oberpfälzer Revier weitgehend ausgekohlt, das weitere Umwühlen der Erde rechnete sich einfach nicht mehr. Allerdings war die Oberpfalz nicht Kanada, Australien oder die DDR: Während andernorts großflächiger Braunkohletagebau wüste Kraterlandschaften hinterlassen durfte und niemand an Renaturierungen dachte, entwickelte man in der Oberpfalz ein tragfähiges Konzept zur steuergeldunterstützten Neugestaltung der wassergefüllten ehemaligen Tagebaugruben. Annähernd 20 Jahre nach dem Ende des Braunkohlebergbaus entstand auf diese Weise schließlich eine neue Landschaft, die laut Tourismuswerbung „tausend Möglichkeiten mit Wasser, Natur und Kultur“ bietet.

Die gesamten Wasserflächen summieren sich auf über 800 ha. Als größter entstand der Steinberger See (186 ha, zugleich größter See der Oberpfalz), seine maximale Tiefe liegt bei 60 m; seinen Namen erhielt er von der angrenzenden Gemeinde Steinberg. Die ursprüngliche Tagebaugrube „Steinberger See“ wurde nicht mehr abgepumpt und noch vorhandenes Abbaugerät liegt nach der Sprengung bis heute auf dem Grund des Sees. Die Flutung zog sich über mehrere Jahre hin, während derer die erforderlichen Rekultivierungsmaßnahmen vorangetrieben wurden. So konnte sich aus der einstigen Industriewüste ein weitläufiger See entwickeln, der sogar der Region wieder einen gewissen wirtschaftlichen Aufschwung einbringen konnte. Zwei kleine bewaldete Inseln teilen heute den See in eine Nord- und eine Südhälfte. Inzwischen wurde er zu einem beliebten Badesee und auch eine Wasserskianlage findet regen Zuspruch.

Weitere Seen sind der Murner See, der Brückelsee, der Ausee, der Klausensee, der Hammersee oder Hammerweiher, der Grüne See (bei Schwarzenfeld) oder der Mühlweiher (bei Thanstein). Die Wasserqualität ließ zwar anfangs zu wünschen übrig: Auf Grund zahlreicher Auswaschungen des Tagebaus war das Wasser schlichtweg sehr sauer. Sogar Metalle konnten anfangs schnell zersetzt werden. Heute klären sich die Gewässer aber langsam, an windstillen Tagen reicht die Sichtweite auf bis zu 10 m Tiefe. Zwar sorgt der schlammige Boden manchmal für Aufwirbelungen, doch verschiedene Tauchschulen nutzen z. B. den Steinberger See mittlerweile gerne zur Ausbildung. Das Oberpfälzer Seenland ist somit ein hervorragendes Beispiel dafür, dass die Naturausnutzung nicht zwangsweise im Desaster enden muss, auch wenn ursprünglich niemand an eine Renaturierung dachte. Es lohnt sich also, zu versuchen, Tourismus und Natur miteinander zu versöhnen.

Das neue Oberpfälzer Seenland entstand nach Schließung des umfangreichen Tagebaus in den 1980er-Jahren. Die ausgekohlte Tagebaufläche wurde konsequent renaturiert und einzelne Seeflächen geschaffen; die größte neue Wasserfläche und zugleich den größten See der Oberpfalz bildet heute der Steinberger See (1,84 km²). Die Region hat darüber hinaus kräftig in Infrastrukturen und Gastronomie investiert (wie beispielsweise der Birkenhof in Hofenstetten, links unten).

Der Oberpfälzer Wald

Grob gesagt ist der Oberpfälzer Wald eine langgezogene Mittelgebirgslandschaft zwischen dem Bayerischen Wald und dem Fichtelgebirge bzw. dem Steinwald. Seine traditionelle Rolle als altes Grenzgebiet gegenüber dem Osten erkennt man heute noch an den vielen Burgen und Ruinen. Diese stammen allesamt aus der Zeit nach dem 11. Jahrhundert und waren als Befestigungsanlagen gegen die slawischen Böhmen jenseits des Bergkammes konzipiert. Sie hatten zwar gute Dienste geleistet, doch bei der großen Bewährungsprobe schließlich versagt, als marodierende Böhmen unter dem Deckmantel der Hussitenbewegung zwischen 1419 und 1434 durch die Oberpfalz zogen. Nichts schien die fanatischen und nationalistischen Sektierer aufhalten zu können, eine Niederlage folgte der anderen: „Kommt der Böhm ins Land, wackelt der Nagel an der Wand". Erst 1433 gelang es dem zahlenmäßig unterlegenen Oberpfälzer Heer unter dem Pfalzgrafen Johann von Pfalz-Neumarkt (1383–1443), die „Hussitengeißel" bei Hiltersried vernichtend zu schlagen. Dieser unvermutete Sieg brach eine bis dato lange Reihe verheerender Niederlagen; die Hussiten galten nicht mehr als unbesiegbar und bald kehrte wieder Ruhe in der Grenzregion ein.

Waldmünchen liegt direkt an der Landesgrenze, die heute ihren jahrhundertealten Schrecken verloren hat. Dabei waren es nicht nur die Böhmen und Tschechen, die Angst in den Alltag diesseits der Grenze brachten. Die alljährlichen Trenckfestspiele thematisieren ein weiteres schreckliches Stück österreichischer Nachbarschaft: Im Zuge des Erbfolgekriegs ließ Österreich den sadistischen Pandurenoberst Franz Freiherr von der Trenck (1711–1749) in das bayerische Grenzgebiet einfallen. 1742 stand die verrohte kroatische Pandurentruppe vor Waldmünchen. Die Grenzbevölkerung litt unter der Grausamkeit des Obersts, dem 1745 wegen Insubordination und Gräueltaten der Prozess gemacht wurde. Er starb in Einzelhaft.

Leuchtenberg besitzt die mächtigste und am besten erhaltene Burgruine der Oberpfalz. Hier residierten die Landgrafen von Leuchtenberg, die zu ihrer Zeit das größte Gebiet in Bayern besaßen, das nicht den Wittelsbachern gehörte oder geistliches Territorium war. Man durfte den Fürstentitel führen und hatte Sitz und Stimme im Reichstag des Heiligen Römischen Reiches. Allerdings waren nicht alle dynastischen Vertreter der „Herren von Lukenberge" weitschauend genug, um Schaden von Leuchtenberg gänzlich fernzuhalten; allerlei Fehden mit der Nachbarschaft führten dazu, dass immer wieder Teile der Grafschaft verpfändet werden mussten. Die berühmte Goldene Straße wurde sogar weiträumig umgeleitet, um den Leuchtenbergern keine Maut mehr zukommen zu lassen. Schließlich starb die Landgrafenfamilie im Dreißigjährigen Krieg im Mannesstamm aus, der Herrschaftstitel ging an die Wittelsbacher. Heute beherbergt die weitläufige Burganlage die meistbesuchte Freilichtbühne der Oberpfalz.

Oberviechtach ist überregional durch Johann Andreas Eisenbarth (1663–1727) ein Begriff, einen wandernden Wunderheiler, der auch durch das Spottlied „Ich bin der Doktor Eisenbarth" allseits bekannt ist. Marktschreierisch zog er mit meist großem Gefolge, einschließlich diversen Gauklern von Stadt zu Stadt, um auf dem Marktplatz Kranke zu kurieren. Dabei war genau geregelt, welche Krankheiten ein Wanderarzt behandeln durfte, um einheimischen Ärzten nicht ins Gehege zu kommen. Eisenbarth galt beispielsweise als geschickter „Starstecher", der den Grauen Star oft erfolgreich beseitigen konnte. Auch hatte er eigene medizinische Instrumente entwickelt und soll diese schon über einer Flamme sterilisiert haben. Begraben liegt der Wanderdoktor im fernen Norden, am Ursprung der Weser in Hannoversch Münden.

Die Stadt Rötz feierte vor Kurzem ihr 500-jähriges, die Pfarrei St. Martin ihr 750-jähriges Jubiläum.

linke Seite:
Neunburg vorm Wald sieht man noch heute seine Wehrhaftigkeit an. Pfalzgraf Johann von Pfalz-Neumarkt hatte der Stadt derart viele und wichtige Privilegien zukommen lassen, dass er mit dem Beinamen „der Neunburger" in die Geschichte einging.

oben:
Große Maisfeld-Labyrinthe – hier in Form des Piratensymbols „Jolly Roger" – sind auch im Oberpfälzer Wald beliebte Sommerattraktionen geworden.

unten:
Waldmünchen, 1240 als „Monacum ante nemus Bohemorum" erwähnt, war von Anfang an als wehrhafter Grenzort angelegt. Dies brachte immer wieder Probleme, auch wenn man sich im Österreichischen Erbfolgekrieg 1742 vom berüchtigten Pandurenoberst Trenck freikaufen konnte. 20 Jahre später verlor die Stadt durch den „Prager Grenzvertrag" große Teile ihres Hinterlands an Österreich (Böhmen) und wurde so zu einer sehr grenznahen Stadt.

oben:
Die Kürnburg lässt sogar als Ruine noch viel von ihrer einstigen Größe erahnen. Doch selbst mächtige Vortürme, markanter Bering, großer Palas, breites Grabensystem und gut gesicherte Vorburg samt Brücke halfen nichts im letzten Kampf gegen den selbsternannten Herzog von Franken im Dreißigjährigen Krieg; die Burg ging verloren.

unten:
Vom Heißluftballon aus lässt sich die Weite des Oberpfälzer Walds heute besonders gut erkunden.

rechte Seite:
Der Eixendorfer See ist ein ganz junger Stausee der Schwarzach, der seit 1975 neben der Stromgewinnung sowohl dem Hochwasserschutz als auch der Niedrigwasseraufhöhung dienen soll.

oben:
Vohenstrauß war zunächst staufisches Königsgut und fiel 1268/69 an Niederbayern. Damit war es immer wieder von den unseligen Landesteilungen betroffen. Erst 1777 kam man endgültig wieder zu Bayern.

unten:
Schloss Friedrichsburg ist das Wahrzeichen von Vohenstrauß. Der Renaissancebau mit den markanten Rundtürmen geht auf den Pfalzgrafen Friedrich (1557–1597) zurück, mit dem dieser Familienzweig ausstarb.

oben:
Burg Flossenbürg gehörte zur Bollwerk-Kette gegen den Osten, bevor sie im Dreißigjährigen Krieg in Flammen aufging. Doch auch als malerische Ruine vermittelt sie heute noch einen guten Eindruck ihrer einstigen Wehrhaftigkeit.

unten:
Der Markt Floß bewirbt sich zu Recht als inmitten einer „malerischen Hügellandschaft und des Oberpfälzer Burgenlandes“ gelegen. Der älteste Eintrag über den Ort aus dem Jahr 948 deutet allerdings auf Krieg hin: „Occisio paganorum ad flozzum“. Gemeint war wohl eine Auseinandersetzung mit marodierenden Ungarn, die erst sieben Jahre später endgültig besiegt werden konnten.

Die Burgruine Leuchtenberg besetzt eine markante Lage im Vorderen Oberpfälzer Wald. Ihr Standort an der Goldenen Straße hatte dem Ort über die Jahrhunderte eine große Bedeutung eingebracht, auch wenn dieser Streckenabschnitt zeitweise zur „Verbotenen Straße" erklärt worden war.

rechte Seite:
Pleystein hatte als Siedlung der Leuchtenburger Landgrafen seit 1331 das Nürnberger Stadtrecht; Kaiser Ludwig der Bayer hatte es gewährt. Das Wappen des Ortes mit den Löwen und Rautenbalken als Hauptfiguren aus dem pfalzbayerischen Hauswappen soll an die Ortsherrschaft der Wittelsbacher erinnern.

Der Oberpfälzer Norden

Die Stiftsbasilika von Waldsassen wird gerne als der wichtigste Barockbau der Oberpfalz bezeichnet.

In der nördlichen Oberpfalz stoßen entlang der so genannten „Fränkischen Linie" zwei geologisch höchst unterschiedliche Einheiten aufeinander: im Osten das kristalline Grundgebirge, auch Altes Gebirge genannt, im Westen das jüngere Deckgebirge aus Sedimentgestein. Ersteres ist der Rest eines gewaltigen Hochgebirges, des Variskischen Gebirges, das höher aufragte als heute das Himalaja-Massiv. Geradezu zwangsläufig musste daher das Kontinentale Tiefbohrprogramm (KTB) in der Region stattfinden: Hier versprach man sich, die ältesten geologischen Schichten in Deutschland erfolgreich anbohren zu können. Immerhin konnte eine Tiefe von 9101 m erreicht werden. Ein kleines Museum am 83 m hohen Bohrturm erläutert heute anschaulich die eindrucksvolle Forschungsbotschaft. Zu den zweifellos spektakulärsten und augenfälligsten geologischen Erscheinungen der nördlichen Oberpfalz zählen die beiden Vulkankegel des Rauhen Kulms (682 m) und des Parksteins (547 m). Beide sind im Tertiär entstanden, als der Egergraben eingebrochen ist. Ursache hierfür war die heute noch anhaltende Drift der Afrikanischen Platte, die neben der Alpenbildung zu einer starken Einengung des nordostbayerischen Grundgebirges führte. Dabei kam es entlang der neu entstandenen Spalten zu einem heftigen Basaltvulkanismus mit einem Höhepunkt vor rund 20 bis 24 Millionen Jahren. Beim Parkstein kam es im Zuge dessen zur charakteristischen mehrseitigen Säulenbildung, weshalb dieser Basaltkegel auch gerne als der schönste Europas bezeichnet wird. Dass es den Parksteiner Basalt heute noch gibt, hat er seiner geringen Witterungsbeständigkeit zu verdanken – sonst hätte sich im 19. Jahrhundert womöglich ein schneidiger Investor dessen Abbau nicht verkneifen können.

Die nördliche Oberpfalz war um 1350 essentieller Teil Neuböhmens. Kaiser Karl IV. wollte damals von Prag aus alles Land bis nach Nürnberg aufkaufen und seinem Herrschaftsgebiet zuschlagen. Mit der Goldenen Straße führte eine wichtige Verkehrsverbindung durch das Territorium. Trotz vieler erfolgreicher Erwerbungen gelang es Karl jedoch nie, aus den zusammengefügten Einzelterritorien ein geografisch geschlossenes Gebilde zu formen. Er förderte die Region intensiv durch gezielte Steuererleichterungen sowie durch zahlreiche Privilegien, doch als er seine Politik im Jahr 1373 von Grund auf änderte und Neuböhmen für die Mark Brandenburg samt seiner Kurstimme opferte, ging der Einfluss Böhmens in der Oberpfalz und in Franken schnell wieder verloren. Spätestens als sein Nachfolger Wenzel im Jahr 1400 von den Kurfürsten „wegen angeblicher Untätigkeit" abgesetzt wurde, war das ursprüngliche Vorhaben endgültig gescheitert, eine geschlossene Landbrücke zum Luxemburger Land im Westen zu schaffen.

Heute ist das Stiftland der nördliche Abschluss der Oberpfalz, der bayerische Siedlungsraum reichte aber ursprünglich bis weit hinein ins Egerland. Der Name des Stiftlandes stammt aus der Zeit des Rodungsklosters Waldsassen, das hier im 12. Jahrhundert aus strukturpolitischen Überlegungen gegründet worden war. Hier endete bayerisches Siedlungsland; die fränkische Sprachgrenze liegt heute noch etwas weiter westlich mitten im Fichtelgebirge. Man gehört auch noch zum Bistum Regensburg und nicht zu Bamberg. Die Stiftsbasilika Waldassen mit ihrer einzigartigen Klosterbibliothek atmet noch viel von dieser jahrtausendalten Geschichte, und die Dreifaltigkeitskirche Kappl auf dem nahen Glasberg ist die wohl eigenartigste Kirchenschöpfung Deutschlands: Die einmalige Architektur, die konsequent die Dreifaltigkeit aufgreift, ist sozusagen eine steingewordene Glaubensbotschaft

oben:
Die weite Seenlandschaft um Mitterteich hat eine lange Tradition: Schon in der Stiftlandzeit hat die flache Wasserscheide zwischen Naab- und Egertal die Karpfenzucht zu einem wichtigen Wirtschaftszweig werden lassen.

unten:
Mitterteich ist ein kleines Städtchen. Als Stiftlandort konnte es von seiner günstigen Lage an der Straße von Nürnberg nach Eger profitieren. Der schwarze Abtstab und der blaue Wellenbalken im Stadtwappen symbolisieren die historische und geografische Stellung.

Die einsam gelegene Wallfahrtskirche Kappl auf dem Glasberg bei Waldsassen markiert heute das nördliche Ende der Oberpfalz. Sie symbolisiert in prominenter Lage ganz vortrefflich die steingewordene Botschaft der Dreifaltigkeit: Innen und außen wird die göttliche Zahl wieder und wieder aufgegriffen:
Im Kirchenraum symbolisiert ein gleichseitiges Dreieck in einem Kreis die göttliche Dreifaltigkeit, der Kirchenbau fügt sich in eine Kugel ein, in der ein sphärisches Dreieck zu stehen scheint. Auch an Rundchören, Seitenkapellen, Altären, großen und kleinen Zwiebeltürmen gibt es jeweils drei. Darüber hinaus thront die Kirche über drei Gebirgszügen, dem Fichtelgebirge, dem Oberpfälzer Wald und dem Böhmerwald.

oben:
Der Steinwald ist heute als 246 km² großer Naturpark geschützt und sozusagen zu einer touristischen Dachmarke zusammengefasst. An seiner höchstgelegenen Stelle, der 946 m hohen Platte, gewährt der Oberpfalzturm einen faszinierenden Überblick.

Mitte:
Dass die Burgruine Weißenstein heute so gut erhalten dasteht, ist der Gesellschaft Steinwaldia zu verdanken, die vor gut einem Jahrzehnt mit erheblichem Aufwand die noch vorhandenen Gebäudeteile restaurierte und so das kulturhistorische Denkmal vor dem endgültigen Verfall rettete.

unten:
Das idyllisch gelegene Haus Johannisthal ist heute ein Diözesan- und Exerzitien-Haus.

Burg Falkenberg, unmittelbar über der Waldnaab auf einem Wollsack-Granithügel gelegen, signalisiert Sicherheit und Verteidigungsbereitschaft. Seine heutige Erscheinung verdankt der Bau einem deutschen Botschafter der 1930er-Jahre, der wegen seiner Beteiligung am Hitler-Attentat 1944 hingerichtet wurde.

oben links:
Neuhaus, ein Stadtteil von Windischeschenbach, mit seinem Butterfass-Burgturm liegt hoch über der Waldnaab. Der Wohnbau der Burg beherbergt heute das Waldnaabtal-Museum.

oben rechts:
Windischeschenbach war über Jahrhunderte zwischen dem Herzogtum Sulzbach und dem Stiftland aufgeteilt. Erst seit 1803 gehört man gemeinschaftlich zu Bayern.

unten:
Schloss Reuth bei Erbendorf war über die Jahrhunderte im Besitz mehrerer Familien; es wurde dabei immer wieder umgebaut und vergrößert. Heute zeigt es sich als zweigeschossige Anlage mit überkuppeltem Rundturm. Die äußerlich schlichte Kirche von Reuth beherbergt mit dem mächtigen Akanthusaltar ein kulturhistorisches Kleinod, das an eine große Monstranz erinnert.

rechte Seite:
Die Geschichte von Neustadt an der Waldnaab war über viele Jahrhunderte eine andere als die des unmittelbar benachbarten Weiden: Es war eine zeitlang in Böhmen eingegliedert und wurde 1806 an Bayern verkauft. Dies mag auch erklären, weshalb heute noch zwei Städte an der Waldnaab so nah nebeneinander bestehen.

Die Wallfahrtskirche St. Felix wird heute von Franziskanern betreut; ursprünglich hatten Kapuziner diese Aufgabe übernommen, was auch die Wahl des Kirchenheiligen erklärt: Felix von Cantalice war ein heilig gesprochener Kapuziner.

Die Altstadt Weidens stellt sich als ein dichtes Häusermeer dar, das sich um den Stadtplatz mit dem frei stehenden Rathaus drängt. Die ausgedehnte Waldnaab-Aue markiert die östliche Stadtbegrenzung.

oben:
Wöllershof sieht wie eine Schlossanlage aus, ist aber ein Krankenhaus. Der rund 100 Jahre alte Gebäudekomplex hatte schon verschiedene Funktionen, unter anderem als Wehrlager und TBC-Heilstätte, bevor er zum Bezirkskrankenhaus mit der heutigen Ausrichtung auf psychosomatisch Kranke, Alkohol- und Drogenabhängige sowie Depressive wurde.

unten:
St. Quirin ist eine einsame Wallfahrtskirche inmitten grüner Natur. Zahlreiche Votivtafeln zeugen von reger Wallfahrt. Seit den 1990er-Jahren lebt zudem die Wallfahrtstradition aus Tschechien wieder auf. Quirin war ein römischer Märtyrer, dessen Verehrung sich später nach Mitteleuropa ausgedehnt hatte.

oben:
Die Stadt Pressath stellt in ihrem Haus der Heimat die regionale Geschichte anschaulich dar und geht dabei in der Vertriebenenstube auf den letzten großen Einschnitt ein.

unten:
Kohlberg hat seinen Namen von der Zunft der Köhler. Vor allem im Mittelalter benötige man viel Holzkohle zum Schmelzen des Eisenerzes und für den Eisenhammer in Röthenbach. Das Ortswappen von 1442 zeigt deshalb auch einen verkohlten Ast auf weißem Grund.

linke Seite:
Kemnath bezeichnet sich gerne als das Tor zur Oberpfalz. Das ovale Stadtbild der einstigen Ackerbürgerstadt mit langrechteckigem Marktplatz blickt auf eine lange Geschichte zurück: Vor kurzem ist man 1000 Jahre alt geworden.

oben:
Die Wallfahrtskirche Maria Hilf von Fuchsmühl aus dem 18. Jahrhunderts hatte ursprünglich höhere Türme, die nach Sturmschäden auf die heutige Höhe abgetragen wurden. Obwohl in der Zeit der Aufklärung auf kurpfälzisch-bayerische Verordnung alle Prozessionen verboten wurden, blieb die Anziehungskraft der Wallfahrtskirche bestehen.

unten:
Der Markt Parkstein gruppiert sich rund um den gleichnamigen Basaltkegel, der früher von einer Burg gekrönt war. Alexander von Humboldt nannte ihn den „schönsten Basaltkegel Europas"; auch in der bayerischen Liste der schönsten Geotope ist er aufgeführt. Die 24 Mio. Jahre alte Gesteinsformation zeigt besonders an der Steilwand sehr sehenswert geformte Basaltsäulen.

linke Seite oben links:
Der Rauhe Kulm, 5 km südlich von Kemnath gelegen, ist als 681 m hoher Schutt- und Basaltkegel eine sehr imposante Landmarke der nördlichen Oberpfalz.

linke Seite oben rechts:
Eschenbach hat in den letzten Jahren das immer noch sehr kontrovers diskutierte Viertel „Newtown" bekommen, das für die Soldaten des nahen US-Truppenübungsplatzes und ihre Familien gebaut wurde.

linke Seite unten:
Speinshardt ist ein hervorragendes Beispiel eines mittelalterlichen Klosterdorfes, das mit einer Rodungsinsel im ausgedehnten Waldgebiet des bayerisch-fränkischen Grenzlandes vor allem die Binnenkolonisation voranbringen sollte.

Eschenbach streitet sich immer noch gerne mit Wolframs-Eschenbach bei Ansbach, welcher Ort denn nun den berühmten Minnesänger hervorgebracht hat. 1917 hatte die bayerische Regierung den Streit zugunsten des fränkischen Bewerbers entschieden, obwohl der oberpfälzische ebenfalls gute, ja vielleicht bessere Argumente gehabt hätte: Wolfram war aus Alt-Bayern gekommen, wie eine Urkunde aus dem Jahre 1284 beweist.

Bayerische Eisenstrasse und Vilstal

Amberg, dessen ovale Altstadt die kompakte Bauweise des Mittelalters zeigt, war die wehrhafte Residenzstadt der Oberen Pfalz.

„Vilsabwärts Eisen, vilsaufwärts Salz, das war der Handel der Oberen Pfalz". Wer kennt ihn nicht, diesen Schülerreim? Heute ist das Vilstal denn auch zentraler Bestandteil der Bayerischen Eisenstraße, die weit über das reine Tal hinaus geht; sie verbindet nicht nur Amberg mit Regensburg, sie integriert auch die Bergbauorte Sulzbach-Rosenberg und Auerbach und reicht mit Pegnitz sogar nach Oberfranken hinüber. Die gesamte Geschichte der Eisengewinnung und -produktion wird auf diesem Themenweg, einer der geschichtsträchtigsten Ferienstraßen Deutschlands, dargestellt und geehrt: 120 km Straße verbinden zahlreiche Industriedenkmäler aus mehreren Jahrhunderten, angefangen bei den einstigen Bergbaurevieren Pegnitz, Auerbach, Sulzbach-Rosenberg und Amberg bis hin zur kleinen, aber berühmten Wasserstraße Ostbayerns, dem Wasserweg der Vils und Naab nach Regensburg. Hier pulsierte im Mittelalter ein europäisches Eisenzentrum, hier entstanden die Güter für die damals gängigen Eisenmärkte: donauaufwärts nach Ulm, donauabwärts nach Österreich und auf dem Landweg nach Nürnberg und Prag. Oberpfälzer Eisen war gefragt, ob für Blechschmiede, Nagelschmiede oder Werkzeugschlosser; man hatte damals ein gutes Auskommen im „Ruhrgebiet des Mittelalters".

Amberg war über die Jahrhunderte die unbestrittene Hauptstadt der Oberpfalz, Regensburg fiel erst im Jahr 1810 wieder an Bayern und wurde erneut zur Kapitale der Region. In den drei Jahrhunderten der Pfälzerherrschaft (1329–1621) residierte in Amberg meist ein Heidelberger Kronprinz. Die Stadt wurde in dieser Zeit eine gut gesicherte Wasserfestung mit zweireihiger Stadtmauer und rund 100 Türmen: *„München seyn die schönst, Leipzig die reichist, Amberg die festeste Fürstenstatt"* ist ein treffendes Zitat aus dem Jahr 1564.

Dass mit dem nahen Sulzbach ein zweites größeres Siedlungszentrum bestehen konnte, hat historische Gründe: Beide Städte waren über Jahrhunderte hinweg durch eine Grenze getrennt. Amberg war zunächst eine bayerische, dann eine pfälzische Stadt; Sulzbach war ebenfalls zunächst bayerisch, kam dann an die Junge Pfalz. Beide Städte waren eine Weile Residenzstädte, mussten sogar Krieg gegeneinander führen, wenn sich die Wittelsbacher in München und Heidelberg zankten. Spätestens seit 1777 liegt zwischen den zwei Städten keine Grenze mehr, da der Sulzbacher Regent zunächst Heidelberg und danach auch noch München erbte. Zwar verloren sie ihren Glanz als Residenzen, wichtige Siedlungszentren der Region blieben sie dennoch.

Eine geologische Besonderheit zwischen Vils und Naab ist der Kaolinabbau bei Hirschau. Die Wurzeln dieser kleinen Stadt gehen wohl auf die Hirschberger Grafen (bei Beilngries) zurück. Das Wappen der Stadt kündet von der Vergangenheit: Die Rauten im Hirschen verweisen auf die Wittelsbacher, die Herrschaftsnachfolger der Hirschberger.

Heute wird Hirschau mit Kaolin in einem Atemzug genannt. Der Tagebau des Weißen Golds begann 1833. Es ist gefragt als Rohstoff für Porzellan sowie als Füllstoff und Aufheller in der Papierproduktion. Schon bald wusste man nicht mehr wohin mit dem Abraum und schüttete eine riesige Halde auf, die später Monte Kaolino getauft wurde.

Entstanden sind diese gewaltigen Kaolinvorkommen rund um Hirschau bereits vor etwa 220 Millionen Jahren, als sich hier noch das Germanische Meer ausbreitete und große Flüsse tonnenweise Sedimente aus dem Variskischen Gebirge eintrugen. Inzwischen sind die Kaolingruben als Geotop ausgewiesen, seit 2007 zählt man sie sogar zu den „100 schönsten Geotopen Bayerns". Da Hirschauer Kaolin sehr hochwertig ist, wird es vermutlich bis auf geringe Reste ganz abgebaut werden.

linke Seite:
Ehenfeld ist heute ein Ortsteil von Hirschau, war jedoch viele Jahrhunderte eigene Wege gegangen. Der Friedhof zeigt immer noch einen unverkennbaren Wehrcharakter, die gotischen Fresken in der Sakristei weisen in eine mittelalterliche Ordnung zurück.

Hirschau, eine Gründung der Grafen von Hirschberg (bei Beilngries), liegt zwischen Vils- und Naabtal und hat hiervon profitiert: Die berühmte Goldene Straße führte durch den Ort. Dies erklärt auch seine Lage, wo doch ansonsten Orte vorzugsweise an den Flüssen gegründet wurden.

oben:
Bedingt durch den Truppenübungsplatz Grafenwöhr ist Auerbach heute etwas von der Oberpfalz abgeschnitten. Hier wurde bis 1987 hochwertiges Eisenerz abgebaut. Berühmtester Sohn der Stadt ist Heinrich Stromer (†1542), Professor und Begründer von „Auerbachs Keller" in Leipzig.

unten:
Hahnbach nennt ein geschlossenes historisches Ortsbild sein eigen. Das sprechende Wappen – ein Hahn und ein Bach – nimmt nicht nur Bezug auf den Ortsnamen, sondern auch auf die Vils (blaues Wasserband) und Bayern (weißblaues Rautenmuster).

rechte Seite oben:
Hohenburg war eine Regenburger Enklave mitten in der Oberpfalz. Die letzten Hohenburger starben in Italien als Gefolgsleute der Staufer; das Regensburger Hochstift erbte ihr Herrschaftsgebiet und behielt es fast sechs Jahrhunderte lang.

rechte Seite unten:
Kloster Kastl auf dem ehemaligen Burgberg hoch über der Lauterach ist das älteste Benediktinerkloster des Nordgaus. Es fungierte im Hochmittelalter als bedeutendes kulturelles Zentrum der heutigen Oberpfalz.

Auf dem Annaberg bei Sulzbach findet jährlich ein großes Wallfahrtsfest statt, dessen Wurzeln bis in die Zeit der ersten großen Pestepidemie 1348 zurückreichen. Nach den protestantischen Jahren folgte im Anschluss an den Dreißigjährigen Krieg eine Wiederbelebung der Wallfahrtstradition, die bis heute anhält.

rechte Seite:
Das Sulzbacher Schloss erinnert noch an die 150 Jahre währende Residenz des souveränen Fürstentums Pfalz-Sulzbach, das – obwohl zunächst weniger wichtig im großen Spiel der Aristokraten und ohne Stimmrecht im Reichstag – 1777 schließlich ganz Bayern erbte.

oben:
Burg Dagestein in Vilseck gehört zu den frühen Burgen der Oberpfalz. Der Ort war über sechs Jahrhunderte Bamberger Land inmitten der Oberpfalz, und Dagestein sicherte dies.

Mitte:
Ursensollen war über viele Jahrhunderte eine geschlossene Hofmark. Als berühmtester Sohn des Ortes gilt der Minnesänger Albrecht von Scharfenberg, der beispielsweise mit seinem Werk „Merlin" Bekanntheit erlangte.

unten:
Maria Schnee in Atzlricht ist eine einsam gelegene Wallfahrtskirche weit vor den Toren Ambergs. Sie wurde 1664 vom Besitzer der damaligen Hofmark Atzlricht gestiftet.

rechte Seite:
Die Altstadt Ambergs ist von einer fast vollkommen erhaltenen mittelalterlichen Ringmauer umgeben, nur durchbrochen vom Nabburger Tor, dem Ziegeltor, dem Vilstor und dem Wingershofer Tor. Mit seiner äußerst kompakten Bauweise steht der Ort in einer Reihe mit anderen vortrefflich erhaltenen mittelalterlichen Städten wie Rothenburg, Dinkelsbühl oder Berching.

oben:
Kloster Ensdorf ist eine barocke Perle des Vilstals. Hier siedelten ab 1121 Benediktinermönche, es wurde zweimal komplett aufgelöst und ist zweimal wieder erstanden: Heute gehört es den Salesianers und wird als Haus der Begegnung, Umweltstation und Umwelt-Musik-Werkstatt genutzt; der Gründungsgeist ist also bis heute geblieben.

unten:
Das Hammerherrenschloss Theuern beherbergt das Bergbau- und Industriemuseum Ostbayern und dokumentiert eindrucksvoll die große Vergangenheit des gesamten ostbayerischen Raums.

oben:
1000 Jahre Geschichte formten Schmidmühlen am Mündungszwickel der Vils und Lauterach. Über Jahrhunderte trieb hier das Vilswasser die Hammerwerke an und jede Woche kamen die Eisenschiffe auf ihrem Weg nach Regensburg vorbei.

unten:
Die Kreuzberg-Kirche ruht auf der Juratafel hoch über Schmidmühlen.
Als Wallfahrtsstätte „Zur Hl. Dreifaltigkeit" geht sie auf ein Gelübde der Marktbürger im Jahr 1697 zurück und war ursprünglich deutlich größer geplant – die Amberger Mariahilf-Kirche sollte das Vorbild sein. Wegen des Spanischen Erbfolgekrieges (1701–1714) konnte sie aber nur in ihrer jetzigen Dimension verwirklicht werden.

Der Oberpfälzer Jura

Dieser Name hat sich für den Oberpfälzer Teil des Fränkischen Jura, also von der Altmühl bis zur Pegnitz, eingebürgert. Seine höchste Erhebung ist der Poppberg (652 m) im Birgland. Mit Vils und Lauterach, oberer Pegnitz, Sulz sowie Schwarzer und Weißer Laber durchziehen nur wenige Flüsse die Juratafel. Aus touristischen Gründen spricht man neuerdings auch vom „Bayerischen Jura", um den Abschnitt im niederbayerischen Altmühltal einbeziehen und die landschaftliche Vielfalt von den Zeugenbergen im Westen über die meist wasserkarge Juratafel bis zu den engen Juratälern beschreiben zu können.

Der bedeutendste Ort im Oberpfälzer Jura ist Neumarkt. Direkt am markanten Albtrauf in einem flachen Talkassel gelegen, kann die alte Stadt – man sollte sich von ihrem Namen nicht täuschen lassen – auf eine bewegte Geschichte zurückblicken. Vor 500 Jahren war man gar Residenzstadt des Teilherzogtums Pfalz-Neumarkt. In dieser Zeit ging aus der Stadt ein dänisch-schwedisch-norwegischer König hervor: Christoph III. (1416–1448). Seine Wahl war mit der sehr modernen Auflage verbunden, dass schwedische Steuern nicht in anderen Teilen des großen Reiches ausgegeben werden durften. Markante Gebäude der Stadt wie das Renaissance-Pfalzgrafenschloss am Residenzplatz oder der Reitstadel (um 1415), ebenfalls im ehemaligen Schlossviertel gelegen, erinnern an diese große Zeit Neumarkts.

Die Geschichte Parsbergs beginnt im Jahr 933. In den acht Jahrhunderten danach war der Ort eine eigene Herrschaft, man war sozusagen ein kleiner unabhängiger „Staat im Staat". In dieser Zeit gingen beispielsweise der Eichstätter Bischof Friedrich (1237–1246), zahlreiche Domherren zu Eichstätt, Regensburg und Freising, mehrere Nürnberger Schultheisse sowie unzählige Verwaltungsbeamte (Pfleger) aus Parsberg hervor. Von dort stammende Ritter hielten sich am Hof in Dänemark und in Lothringen auf, Haug von Parsberg kämpfte als kaiserlicher Ritter gegen die Türkeninvasion vor Wien. Das Wahrzeichen Parsbergs, das Obere Schloss mit den charakteristischen Doppeltürmen, stammt aus der Wiederaufbauzeit nach dem Dreißigjährigen Krieg. Trotz seiner glanzvollen Vergangenheit blieb es ein kleiner, beschaulicher Ort, der erst 1952 zur Stadt erhoben wurde.

Berching hat sich sein mittelalterliches Stadtbild hervorragend bewahren können – manch einer spricht auch vom kleinen Oberpfälzer Rothenburg. Die Namensendung „-ing" deutet auf eine frühe bajuwarische Siedlung hin. Schon 912 fiel man in den Besitz der Eichstätter Bischöfe – und blieb es bis 1802. Unter dem Krummstab entwickelte sich Berching prächtig, bald wurde es auch von einer 13-türmigen Stadtmauer geschützt. Diese ist vollständig erhalten, noch immer gewähren vier Tore Einlass. Zahlreiche imposante Bürgerhäuser zeugen vom Wohlstand der Stadt. Mit der Eingliederung in Kurbayern verlor Berching seine Stellung als wichtiges Verwaltungszentrum; überlebt hat aber der jährliche Rossmarkt, für dessen Abhaltung die örtlichen Ratsherren sich nach 1806 hartnäckig eingesetzt hatten: Am ersten Dienstag im Februar kommen heute bis zu 30 000 Besucher nach Berching, um dem inzwischen größten Wintervolksfest der Oberpfalz beizuwohnen, und es ist immer spannend, welcher bayerische Politiker an diesem wichtigen Tag in Berching auftreten darf.

Im Oberpfälzer Jura zeigt sich eindrucksvoll einer der großen Vorteile der Region: Bis heute versteht man es, mit weit weniger ökologischen Fußabdrücken auszukommen als andernorts – was zum einen ein Argument für den Tourismus und zum anderen eine Herausforderung für die Zukunft der gesamten Oberpfalz darstellt: die Natur für kommende Generationen zu erhalten und nachhaltig mit den verbliebenen Ressourcen umzugehen. In diesem Punkt könnte die Oberpfalz ein Vorbild für Bayern oder gar Deutschland sein!

Der Altstadt und dem Schlossviertel Neumarkts sieht man heute die schweren Zerstörungen der letzten Kriegstage nicht mehr an.

linke Seite oben links:
Sulzbürg nahm nach dem Dreißigjährigen Krieg zahlreiche protestantische Glaubensflüchtlinge aus Österreich auf; diese nannten ihre neue Heimat „Landl". Noch heute spricht man daher vom Sulzbürger Landl.

linke Seite oben rechts:
Die Burgruine Wolfstein wurde seit Mitte der 1990er-Jahre von den „Wolfstein-freunden" einer umfangreichen ehrenamtlichen Renovierung unterzogen. Heute ist sie oft Schauplatz von Mittelalter-Veranstaltungen.

linke Seite unten:
Deining ist eine Gemeinde im Tal der Weißen Laber mit knapp 950 Jahre alten Wurzeln. 1796 besiegte in der Schlacht von Deining die österreichische Armee unter Erzherzog Karl die französischen Revolutionstruppen unter General de Jourdan.

Dem Ludwig-Donau-Main-Kanal sieht man oft nur auf Grund seiner schnurgeraden Streckenführung an, dass er ein vollkommen künstliches Gewässer ist. Von 1846 bis 1945 transportierten hier 24 m lange Kähne Güter aller Art auf der langen Wasserstraße zwischen der Donau bei Kelheim und dem Main bei Bamberg.

oben:
Berching wird bisweilen als „kleines Rothenburg in der Oberpfalz" bezeichnet: sehr gut erhaltene Stadtmauer, intakte Stadttore und ein geschlossenes altes Stadtbild. Der Ort stand 900 Jahre lang unter der Herrschaft der Eichstätter Bischöfe.

unten:
Holnstein ist heute die Heimat der Regens-Wagner-Stiftung, die sich behinderter Mitmenschen annimmt.

rechte Seite:
Das alte Benediktinerkloster Plankstetten mit seiner romanischen Krypta ist ein bedeutendes geistliches Zentrum der Region, aus dem jüngst mit dem Abt des Klosters, Gregor Maria Hanke OSB, sogar ein Bischof von Eichstätt hervorgegangen ist.

oben:
Dolinen (Karsttrichter) wie diese können mitten in Feldern zu finden sein; sie deuten auf eingestürzte unterirdische Hohlräume im Jurauntergrund hin.

unten:
Die Wallfahrtskirche Maria Hilf vor den Toren Freystadts ist ein hochbarocker Zentralbau aus den Jahren 1700 und 1710. Die Kuppel ist mit einer so genannten Laterne überwölbt und von vier kleinen Ecktürmen eingefasst. Die Innenfresken wurden von Hans Georg Asam (1649–1711) geschaffen, dem Vater von Cosmas Damian und Egid Quirin. Während der Säkularisation sollte die Kirche abgerissen werden, was glückliche Umstände verhinderten.

oben:
Der Wolfsberg ist ein ehemaliger Umlaufberg, den die Altmühl geschaffen hat, bevor sie in einer Abkürzung ihren Lauf begradigte. Der Inselberg war in der Frühzeit ein willkommener, rundum gut zu verteidigender Siedlungsplatz.

unten:
Freystadt ist eine mittelalterliche Reißbrettstadt mit regelmäßigem Grundriss und einer ursprünglich geschlossenen Stadtmauer. Man kann heute auf 700 Jahre Stadtrecht zurückblicken.

linke Seite:
Die Siebentälerstadt Dietfurt war im Mittelalter eine niederbayerische Enklave. In der damit verbundenen starken Stadtbefestigung liegt angeblich der Grund dafür, dass Dietfurt noch heute einmal im Jahr zur Stadt der Chinesen wird: Nicht nur Zeitungen innerhalb Deutschlands berichten immer wieder über den „Chinesen-Fasching".

oben:
Die Wallfahrtskirche St. Peter und Paul in Waldkirchen geht auf eine Urpfarrei um das Jahr 700 zurück. Der Volksmund spricht vom Petersberg.

unten:
Schloss Wildenstein hat einen mittelalterlichen Kern, wurde aber seit seiner Gründung durch den Ritter von Wildenstein immer wieder verändert. Heute ist die Anlage in Privatbesitz.

linke Seite:
Hemau war im Mittelalter die „Stat uf dem Tangrindel". Das Stadtwappen verweist mit dem Hl. Georg auf den Patron von Kloster Prüfening, einem früheren Haupteigner des Orts. Hier befand sich eine Hauptmautstation der Straße von Regensburg nach Nürnberg.

oben:
Hohenfels ist heute vor allem wegen des US-amerikanischen Truppenübungsplatzes überregional bekannt. Ortskern und Burgberg verraten aber eine weit zurückreichende Geschichte.

unten:
Painten ist nach Hemau der wichtigste Ort auf dem Tangrintel, der von seiner Lage an der Salzstraße und am Paintner Forst profitierte; außerdem war man rund drei Jahrhunderte Grenz- und Mautstation zwischen Bayern und Pfalz-Neuburg.

Mitten in Kerschhofen entspringt in mehreren Quellen der kleine Kerschbach, einer der wenigen Zuflüsse zur Schwarzen Laber. Dies ist insofern etwas Besonderes, als Letztere zu beiden Seiten nur ein ganz schmales Einzugsgebiet aufweist.
Durch das Kerschbachtal verläuft heute der Vierbacherl-Weg, ein Wanderweg zu vier kleinen Laber-Zuflüssen. Auch der Maler-Weg, der rund 20 km lang den Spuren einheimischer Künstler folgt, die an dieser Route immer wieder ihre Staffelei aufgestellt hatten, ist sehr beliebt: Heute finden sich an einigen besonders schönen Stationen wetterfeste Reproduktionen von Bildern, die in der Vergangenheit dort auch wirklich entstanden sind.

oben:
Die Velburger Wallfahrtskirche von 1770/1792 samt Eremitage ist die einzige Herz-Jesu-Wallfahrtskirche in Bayern.

unten:
In Lengenfeld stehen heute viele Häuser, die aus den Steinen des abgebrochenen Schlosses Helfenberg errichtet wurden. In der Kirche zeigt ein Bild diesen prächtigen Bau, der für 100 000 Gulden erbaut worden war.

oben:
Die Burg von Velburg, auch Velberg genannt, ist längst eine Ruine. 1190 begleitete der Burgherr Otto von Velburg Kaiser Friedrich Barbarossa auf den dritten Kreuzzug. Die Burg wurde im Dreißigjährigen Krieg zerstört.

unten:
Die Habsberger Wallfahrtskirche steht auf den Grundmauern einer Burg. Im Mittelalter hatte sich dort noch eine kleine Herrenburg befunden, von der aber keine Spuren erhalten blieben; hier steht heute die Wallfahrtskirche, deren Ursprünge ins 17. Jahrhundert zurück reichen, als ein kranker Mann Hilfe von einer Marienfigur erhielt. Diese half auch anderen, was eine bis heute rege Wallfahrt auslöste. Heute ist ein modernes Wallfahrts- und Jugendheim angeschlossen, das jungen Menschen Gott, die Musik und die Schöpfung näherbringen soll.

rechte Seite oben:
Lupburg ging 1299 in Regensburger Besitz über, wurde aber zur Finanzierung des Dombaus an Bayern verkauft.

rechte Seite unten:
Parsberg wurde acht Jahrhunderte lang von einem Rittergeschlecht selbstständig regiert, bevor es an Bayern kam. Die Herrschaft derer von Parsberg endet mit ihrem Aussterben in direkter Folge im Jahr 1730.

linke Seite:
Die Mühle in Degerndorf nutzt mit einem ausgeklügelten System der Wasserführung die Kraft des Flusses – heute allerdings nicht mehr als Mühle, sondern als Kleinkraftwerk zur Stromgewinnung.

oben:
Beratzhausen taucht bereits 866 in einer Tauschurkunde des Regensburger Bischofs auf und erlebte seither eine wechselvolle Geschichte. Im Jahr 2005 wurde der Markt als zweite Kommune der Oberpfalz für seine Verdienste in der Europaarbeit mit der Europaplakette ausgezeichnet.

unten:
Seit 1874 überbrückt die viel befahrene Eisenbahnlinie zwischen Nürnberg und Regensburg in gut 40 m Höhe das Labertal.

oben:
Endorfmühle ist ein dominanter Mühlenstandort an der Schwarzen Laber.

unten:
Undorf hat zwar eine jahrhundertealte Geschichte, man blieb aber ein sehr kleines Dorf, bis die Eisenbahn einen ungeahnten Aufschwung brachte. In den 1930er-Jahren war der Ort schließlich so groß, dass an eine eigene Schule und Kirche gedacht wurde. Mit großem Engagement konnte beides verwirklich werden. Undorf wuchs weiter, bis man schließlich eine eigene selbstständige Pfarrei wurde. Der Pfarrhügel wurde zu einem Zentrum im Ort.

rechte Seite:
Der Markt Laaber war bis ins 15. Jahrhundert von den Herren von Laaber beherrscht, die zeitweise den Bürgermeister in Regensburg und Nürnberg stellten.

oben:
Burg Loch, Eichhofens Wahrzeichen, ist ein sehr seltenes Beispiel einer Höhlenburg in Bayern. Sie besteht aus zwei großen Höhlenräumen und einem weit verzweigten Netz kleiner Nebenräume. Direkt vor der Höhle ist der 22 m hohe intakte Bergfried weithin sichtbar.

unten:
Eilsbrunn war bis zur Säkularisation dem Reichsstift St. Emmeram zugeordnet. Bekannt dürfte der Ort den meisten Regensburgern vom Einkehren in der Gastwirtschaft sein, die auf eine fast 350-jährige Familientradition zurückblicken kann.

oben:
Von Deuerling ist kurioserweise der Name des ersten Pfarrers aus dem Jahr 1224 bekannt: ein Herr Poto. Das Ortswappen zeigt zwei gekreuzte Kupferhämmer (man nutzte die Wasserkraft der Laber) und die Wappenfarben der Herren von Laaber.

unten:
Viehhausen wird bereits 1180 in der Chronik von St. Emmeram aufgeführt. Das ehemalige Rosenbusch-Schloss wurde 1845 von Friedrich Pustet, Regensburg, ersteigert und dem Orden der Klarissinnen übergeben. Für gut hundert Jahre diente es dem klösterlichen Leben. Heute ist es in kirchlichem Besitz und dient als Pfarrhof.

In Sichtweite Hambergs steht mitten auf weiter Flur ein pittoreskes, einsames Kirchlein.

rechts:

Die Douau steht mit ihrem ausgedehnten Wasserband im krassen Gegensatz zum trockenen Jura; ihr Tal ist von Ulm bis Regensburg die südliche Begrenzung des breiten, meist wasserarmen Jurarückens.

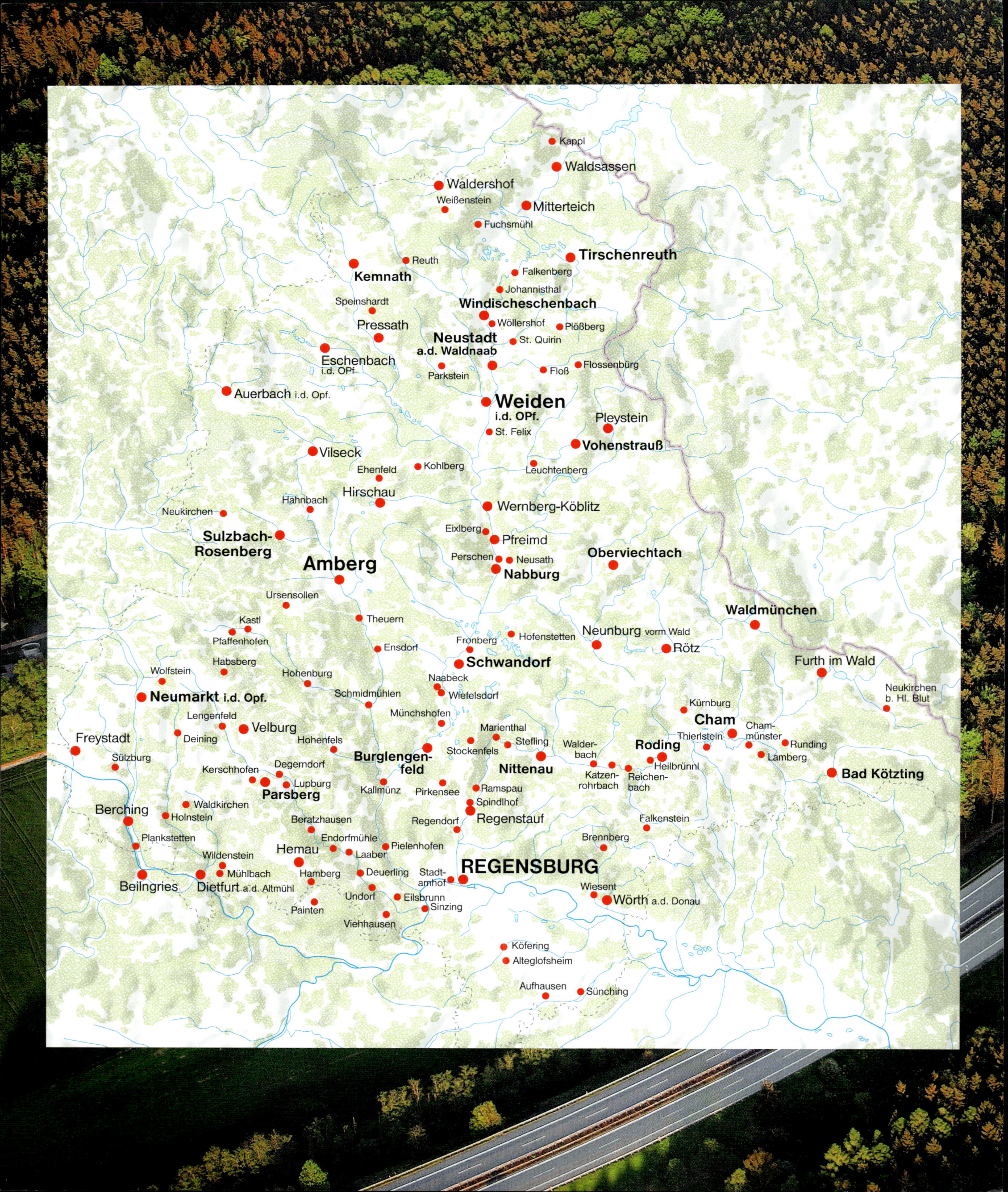
Kappl
Waldsassen
Waldershof
Weißenstein
Mitterteich
Fuchsmühl
Reuth
Tirschenreuth
Kemnath
Falkenberg
Johannisthal
Speinshardt
Windischeschenbach
Wöllershof
Plößberg
Pressath
Neustadt
a.d. Waldnaab
St. Quirin
Eschenbach
i.d. OPf
Parkstein
Floß
Flossenbürg
Auerbach i.d. Opf.
Weiden
i.d. OPf.
St. Felix
Pleystein
Vohenstrauß
Vilseck
Ehenfeld
Kohlberg
Leuchtenberg
Hirschau
Hahnbach
Neukirchen
Wernberg-Köblitz
Eixlberg
Sulzbach-
Rosenberg
Pfreimd
Amberg
Perschen
Neusath
Oberviechtach
Nabburg
Ursensollen
Waldmünchen
Kastl
Theuern
Pfaffenhofen
Fronberg
Hofenstetten
Neunburg vorm Wald
Ensdorf
Rötz
Habsberg
Schwandorf
Furth im Wald
Wolfstein
Hohenburg
Naabeck
Neumarkt i.d. Opf.
Schmidmühlen
Wiefelsdorf
Neukirchen
b. Hl. Blut
Kürnburg
Lengenfeld
Münchshofen
Cham
Velburg
Marienthal
Thierlstein
Cham-
münster
Freystadt
Deining
Hohenfels
Stefling
Walder-
bach
Roding
Runding
Burglengen-
feld
Stockenfels
Sülzburg
Lamberg
Degerndorf
Nittenau
Heilbrünnl
Kerschhofen
Katzen-
rohrbach
Reichen-
bach
Bad Kötzting
Lupburg
Kallmünz
Pirkensee
Ramspau
Parsberg
Waldkirchen
Berching
Spindlhof
Holnstein
Regenstauf
Regendorf
Beratzhausen
Falkenstein
Plankstetten
Endorfmühle
Pielenhofen
Brennberg
Hemau
Laaber
Wildenstein
REGENSBURG
Mühlbach
Deuerling
Hamberg
Stadt-
amhof
Beilngries
Dietfurt a.d. Altmühl
Wiesent
Undorf
Eilsbrunn
Wörth a.d. Donau
Painten
Sinzing
Viehhausen
Köfering
Alteglofsheim
Aufhausen
Sünching

Ortsregister

Die A3 macht bei Vogelsang (Sinzing) eine langgezogene Kurve.

IMPRESSUM

Bibliografische Information der Deutschen Nationalbibliothek
Die Deutsche Nationalbibliothek verzeichnet diese Publikation in der Deutschen Nationalbibliografie; detaillierte bibliografische Angaben sind im Internet über http://dnb.d-nb.de abrufbar.

www.verlag-pustet.de

ISBN 978-3-7917-2249-8

Einband- und Buchgestaltung:
Der Buch*macher*, Arthur Lenner, München
Druck und Bindung:
Friedrich Pustet, Regensburg
Printed in Germany 2010

Die Vils-Auen bei Hahnbach